छोटे सैयद बड़े सैयद

छोटे सैयद बड़े सैयद

सुरेन्द्र वर्मा

वाणी प्रकाशन

प्रकाशन के उत्कृष्टतम 62 वर्ष

सजिल्द पहला संस्करण : 2025

vaniprakashan.com

वाणी प्रकाशन

4695, 21-ए, दरियागंज, नयी दिल्ली-110 002

फ़ोन : + 91 11 23273167, 23275710

शाखाएँ

अशोक राजपथ, पटना-800 004, बिहार

कॉफ़ी हाउस कैम्पस, महात्मा गांधी मार्ग, प्रयागराज-211 001, उत्तर प्रदेश

महात्मा गांधी अन्तरराष्ट्रीय हिन्दी विश्वविद्यालय, वर्धा-442 001, महाराष्ट्र

sales@vaniprakashan.in
vaniprakashan@gmail.com

Chhote Saiyyad Bade Saiyyad
by Surendra Verma

ISBN : 978-93-5775-397-5
Play

मूल्य : ₹ 625

जी.एस. ऑफ़सेट, दिल्ली-110 095 में मुद्रित

वाणी प्रकाशन का लोगो मक़बूल फ़िदा हुसैन की कूची से

'छोटे सैयद बड़े सैयद' की पहली प्रस्तुति राष्ट्रीय नाट्य रंगमण्डल द्वारा रवीन्द्र भवन के 'मेघदूत' प्रेक्षागृह में नवम्बर 1980 में हुई।

निर्देशन	ब. व. कारन्त
प्रस्तुति व्यवस्था	जी. एस. मराठे
मंच–सज्जा	संजीव दीक्षित
	किरन भोकरी
सहायक	सुनील जैन
निर्माण	टी. एल. शर्मा
	दिलीप चन्द
वस्त्र–सज्जा एवं मंच सामग्री	सबा ज़ैदी
सहायक वस्त्र–सज्जा	मधु मालती
	सरबजीत कौर
	डॉली अहलूवालिया
	पंकज कपूर
	विरेन्द्र राजदान
सहायक मंच सामग्री	के. के. रैना
	अनिला सिंह
	अमिताभ श्रीवास्तव
प्रकाश परिकल्पना	जी. एन. दासगुप्ता
सहायक	जी. एस. मराठे
	राधे श्याम
	विस्मय शाह
	ज्ञान चन्द, सुभाष उद्गाता
संगीत	ब. व. कारन्त
सहायक	प्रेम मटियानी
	उषा बैनर्जी
	आर. एस. केमू, रघुवीर यादव
प्रचार	सुरेखा सीकरी
	प्रेम मटियानी
सहायक निर्देशन	सुरेखा सीकरी
मुख–सज्जा	इन्दु घोष

निर्देशकीय

निर्देशक श्री ब. व. कारन्त का वक्तव्य

मानव स्वभाव अथाह है। अतल समुद्रों और अनन्त व्योम से भी कहीं अधिक रहस्यमय। जटिल मानव स्वभाव युगों से रचनाकारों के लिए आकर्षण का विषय रहा है।

मानव इतिहास की जटिलताओं को असंख्य दृष्टिकोणों से जाना–समझा गया, इसकी अनेकानेक व्याख्याएँ की गयी हैं। प्रत्येक काल में इसे समकालीन कसौटी पर परखा गया है। हर रचनाकार ने इतिहास की व्याख्या अपने समय के सन्दर्भ में की है। कर्नाड के 'तुग़लक़', गार्गी के 'सुल्तान रज़िया', राकेश के 'आषाढ़ का एक दिन' और शेक्सपियर की अनुपम कृतियों में रचनाकारों ने इतिहास के कोरे शब्दों के पार उसमें निहित मानवीय नाटकीयता को अनुभव किया है।

मुग़लों से सम्बन्धित विषय को हाथ लगाते हुए शुरू–शुरू में एक झिझक मन में थी। मैं शायद उस परिवेश की सही अर्थों में सर्जना कर सकने की अपनी सामर्थ्य के प्रति पूरी तरह आश्वस्त नहीं था। लेकिन सुरेन्द्र वर्मा का यह नाटक 'छोटे सैयद बड़े सैयद' किसी समय विशेष का ऐतिहासिक चित्रण मात्र ही नहीं है, बल्कि इतिहास का आधुनिक चेतना के धरातल पर मूल्यांकन करने के साथ–साथ समसामयिक यथार्थ को ऐतिहासिक स्थितियों और पात्रों के माध्यम से प्रस्तुत करने का एक सशक्त प्रयास है। वस्तुतः यह मानवीय स्थितियों,

आकांक्षाओं और दुर्बलताओं का नाटक है। इसकी स्थितियाँ और पात्र वैसे ही हैं जैसे हर सुबह अख़बार में देखने को मिलते हैं, जिसकी कोई भी एक घटना पूरे पृष्ठ पर छा सी जाती है।

रंगमण्डल लम्बे समय बाद एक मौलिक नाटक उर्दू में प्रस्तुत कर रहा है, जो एक सुखद परिवर्तन है।

मंच पर

जहाँदार शाह	अनंग देसाई
जुल्फ़िक़ार ख़ाँ	अनिल कपूर
कोकलताश ख़ाँ	जी. पी. नामदेव
सिपाही	रमेश अथवाल
भाँड़	रघुवीर यादव
नक़्क़ाल	आर.एस. केमू
बहुरूपिया	युवराज शर्मा
ढोलकिया	ज़फ़र संजरी
लाल कुँवर	सरबजीत कौर
अब्दुल्ला ख़ाँ	मनोहर सिंह
हुसैन अली	राजेश विवेक
रतनचन्द	विजय कश्यप
फ़र्रुख़सियर	पंकज कपूर
पादशाह बेगम	उत्तरा बावकर
बादशाह बेगम	सुरेखा सीकरी
बड़ी बेगम	उषा बैनर्जी
मझली बेगम	सरबजीत कौर
छोटी बेगम	अनिला सिंह
बानो	मधु मालती
हैदरबेग	प्रेम मटियानी
दिमाग़ी	विस्मय शाह
पहला शायर	अनिल कपूर
पालकी फ़रोश	हनुमान यादव
	वसन्त जोसलकर

	रमेश अथवाल
चिनकुलीच ख़ाँ	संजीव दीक्षित
अमीन ख़ाँ	अशोक निशेष
नायब	अरविन्द कुमार
नमरूद	इक़बाल मेहँदी
रफ़ीउद्दौला	प्रेम मटियानी
इनायत बानो	डॉली अहलूबालिया
हुमायूँ बख़्त	हनुमान यादव
रफ़ीउद्दर्जात	अमिताभ श्रीवास्तव
रौशन अख़्तर (मुहम्मद शाह)	के. के. रैना
अज़ीउद्दीन	रघुवीर यादव
परवेज़	डॉली अहलूवालिया
इब्राहीम बेग	वसन्त जोसलकर
निसार	सुनील जैन
जुम्मन	किरन भोकरी
असलम	वागीश कुमार सिंह
मीर जुमला	विरेन्द्र राजदान
ख़्वाजा आसिम	जी. एस. मराठे
सिपाही	अरविन्द कुमार
	अनिल कुमार
नाज़िर	मनोहर पिताले
पंखा बरदार	जी. एस. बेदी
	सुरेन्द्र कुमार
नक़ीब	इक़बाल मेहँदी
ढिंढोरची	अनुमान यादव
चूड़ामन जाट	अनंग देसाई
चूड़ामन के साथी	सुनील जैन
	के. के. रैना
	सुरेन्द्र कुमार

जयसिंह	किरन भोकरी
अजीत सिंह	युवराज शर्मा
अभय सिंह	विस्मय शाह
इन्द्र कुँवर	अनिला सिंह
आलम अली	वागीश कुमार सिंह
दिलावर ख़ाँ	जी. पी. नामदेव
भीड़	के. के. रैना
	ज़फ़र संजरी
	सुनील जैन
	विस्मय शाह
	अनिल कपूर
	इक़बाल मेहँदी
रामधन	रमेश अथवाल
नूरे इलाही	आर. एस. केमू
गोली	मधु धींगड़ा
बालाजी विश्वनाथ	वसन्त जोसलकर
बहादुर ख़ाँ	अरविन्द कुमार
दारोग़ा–ए–हरम	रमेश अथवाल
यूसुफ़	उत्तरा बाबकर
शौक़त	विरेन्द्र राजदान
दूसरा शायर	अमिताभ श्रीवास्तव
सिपाही	अनिल कपूर
	हनुमान यादव
तबला संगत	ज़फ़र संजरी
तानपूरा संगत	उषा बैनर्जी
जल्लाद	जी. पी. नामदेव
	वागीश कुमार सिंह

रतनचन्द, अब्दुल्ला ख़ाँ और प्रहरी

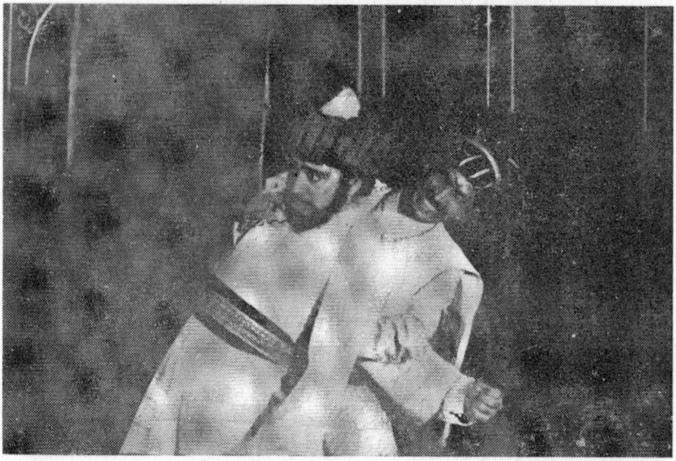

हैदरबेग और रतनचन्द

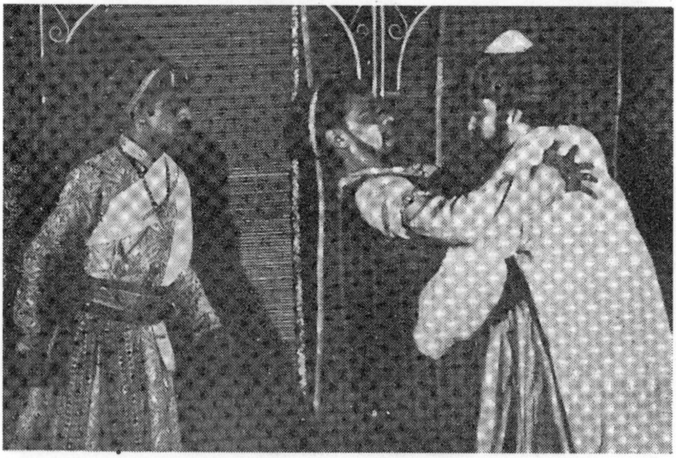

रतनचन्द, हुसैन अली और हैदरबेग

ढोलकिया, भाँड और नक़्क़ाल

ख़्वाजा आसिम, फ़र्रुख़सियर और मीर जुमला

जुल्फ़िक़ार ख़ाँ, जहाँदार शाह और लाल कुँवर

अब्दुल्ला ख़ाँ, बानी और बड़ी बेगम

कोकलताश ख़ाँ, जुल्फ़िक़ार ख़ाँ, जहाँदार शाह और लाल कुँवर

अब्दुल्ला ख़ाँ और हुसैन अली

रफ़ीउद्दर्जात, इनायत बानो और हुसैन अली

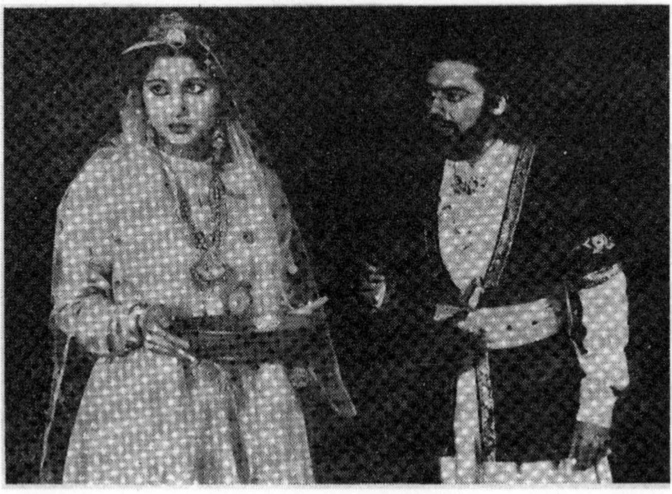

इन्द्रकुँवर और फ़र्रुख़सियर

पादशाह बेगम

मुहम्मदशाह और अब्दुल्ला ख़ाँ

दृश्य एक

लाल क़िला। जहाँदार शाह झरोखा–दर्शन दे रहा है। नेपथ्य में चार बार समवेत–'बादशाह सलामत... बादशाह सलामत...बादशाह सलामत ...बादशाह सलामत...' कोकलताश जहाँदार को पान पेश करता है। जहाँदार खाता है। फिर कोकलताश उगालदान पेश करता है। जहाँदार थूकता है। यहाँ अन्धकार के साथ दूसरे मंच–क्षेत्र में प्रकाश, जहाँ भाँड, नक़्क़ाल और बहुरूपिया गाते हुए आते हैं।

भाँड, नक़्क़ाल और बहुरूपिया मुग़ल सल्तनत गिरवी रक्खी ज़ोहराबी के नेफ़े में!

बाबर की वो जाँबाज़ी, हुमायूँ की फ़ैयाज़ी अज़्मत अकबर को औ अदले जहाँगीरे बेन्याज़ी नूरजहाँ का जाहोज़का, शीरीं मुमताज़ी संगत शाहजहाँ की शानोशौक़त, आलमगीरी रंगत गो कि क़यामत गिरवी रक्खी ज़ोहराबी के नेफ़े में!

ज़ोहराबी का स्वर **नेपथ्य से** अरे कलमुँहे, मुण्डीकाटे, नासपीटे... जनाज़ा निकले दाढ़ीजारों का...बदन से कोढ़ टपके...नेफ़ा देख अपनी अम्माँ का...हाँ नहीं तो...

भाँड, नक़्क़ाल और बहुरूपिया हँसते हैं। गाना चालू रहता है।

भाँड नक़्क़ाल और बहुरूपिया **समवेत**

कोठे से जा पहुँची सीधी लाल क़िला
सहंसाह से रण्डी को एजाज़ मिला।

नक़्क़ाल इम्तियाज़ महल!

भाँड नक़्क़ाल और बहुरूपिया **समवेत**

नूरजहाँ, मुमताज महल की नक़ल करे
तबलचियों को दे मंसबदरबार भरे
ज़िल्ले सुब्हानी का जलाल हय लाल कुँवर के नेफ़े में!
मुग़ल सल्तनत गिरवी रक्खी ज़ोहराबी के नेफ़े में!

तीनों का गाते हुए प्रस्थान।

जहाँदार शाह हमारी दिलचस्पी झरोखा–दर्शन देने में नहीं, लाल कुँवर के मेहँदी लगे पाँवों के दर्शन करने में है।

लाल कुँवर रूठी है।

जहाँदार शाह रात के जश्न का पूरा इन्तज़ाम है मीर बख़्शी?

कोकलताश ख़ाँ हाँ, पीरोमुर्शिद! हुक़्म के मुताबिक़ कनातें लग रही हैं। सभी अमीरों को इत्तिला दे दी गयी है। ख़ास शराबें निकाली जा रही हैं।

जहाँदार शाह सदक़े के लिए पचास हज़ार अशर्फ़ियाँ लायी गयीं? क़िले की फ़सीलों पर रोशनी का इन्तिज़ाम...

लालकुँवर **बीच में ही बालसुलभ मुस्कान से** सहंसाह सलामत, सहर में आज फिर रोसनी होगी न? आज तो इत्ता मुबारिक दिन है।

जहाँशाह **तुरन्त** क्यों नहीं! आख़िर मलिका की दिलनवाज़ कबूतरी का निकाह है आज!

जुल्फ़िक़ार ख़ाँ जहाँपनाह! ऐसे जश्नों को आप मुल्तवी कर दें। ख़ज़ाने में फूटी कौड़ी नहीं। अवाम की बदहाली देखी नहीं जाती। सिपाहियों को ग्यारह महीने से उजरत नहीं मिली। गेहूँ–तेल बाज़ार से ग़ायब हो गये हैं।

जहाँदार शाह मालगुज़ारी कहाँ गयी वज़ीरे आज़म?

जुल्फ़िक़ार ख़ाँ किसान के पास खाने को दो दाने नहीं। लगान कहाँ से दे?

जहाँदार शाह जज़िया का क्या हुआ?

कोकलताश ख़ाँ वह भी तो आमदनी का बड़ा ज़रिया है।

जुल्फ़िक़ार ख़ाँ बढ़ते हुए शाही ख़र्च का साथ नहीं दे सका!

जहाँदार शाह फ़सल का क्या हुआ?

जुल्फ़िक़ार ख़ाँ **सन्तुलित खीझ से** सूखा पड़ गया, बाढ़ आ गयी और रही–सही कसर जंग ने पूरी कर दी। आप कल ही मेरे साथ चलिए और बज़ाते ख़ुद देख लीजे कि...

कोकलताश ख़ाँ **बात काट कर** कल आप कैसे जा सकते हैं जहाँपनाह! कल अलस्सुबह तो आपको दिलशादगढ़ जाना है।

लालकुँवर दिलसादगढ़? सो क्यूँ?

जहाँदार शाह वहाँ इनके बाग़ के पास कुछ बंजर ज़मीन है। यह चाहते हैं कि उसका पट्टा इनके नाम कर दिया जाय।

लालकुँवर पै उस बंजर ज़मीन का होयगा क्या?

कोकलताश ख़ाँ मेरे पास राजपूताने का एक मुलाज़िम है। उसका कहना है कि थोड़ी मेहनत से वह ज़मीन फिर ज़रखेज़ हो सकती है और गुलाबों की पैदावार के लिए बहुत मौजूँ है।

लालकुँवर हमरी मुँहबोली सहेली जमालो का भाई गुल्लू मियाँ निठल्ला फिरे है। इस काम में लगा लीजो उसे।

जुल्फ़िक़ार ख़ाँ क्या यह वही ज़मीन है, जो दिलशादगढ़ के एक कोस मग़रिब में पड़ती है?

कोकलताश ख़ाँ **चौकन्नी दृष्टि से देखता है।** जी हाँ।

जुल्फ़िक़ार ख़ाँ लेकिन अर्ज़ेमुक़र्रर ने पिछले माह मुझे एक नक़्शा दिखलाया था जिसके मुताबिक़ वहाँ से एक नहर निकालने का मंसूबा है। जमुना का आठ महीने रहने वाला फैलाव उस पचास मुरब्बा ज़मीन के बिल्कुल नज़दीक है बल्कि उसको तो शुब्हा है कि पटवारी ने उस ज़मीन का इन्दराज बंजर ज़मीन की

हैसियत से ग़लत किया है और इसके पीछे कोई...

लालकुँवर **बीच में ही** नहर बने तो गुल्लू को मुलाजिमत दिला दीजो।

जुल्फ़िकार ख़ाँ पर पहला सवाल तो यह है कि...

जहाँदार शाह **बात काटकर** ओफ़्फ़ो, देखा जायेगा। कल न तो नहर बन रही है और न गुलाब ही बोये जा रहे हैं।

लालकुँवर पै सवाल उठ्ठे है कि कल करा क्या जाय?

जहाँदार शाह **तनिक सोचकर** कल मलिका के प्यारे तोते की शादी करा दें?

कोकलताश ख़ाँ **चौड़ी मुस्कान से** हुजूर ने तो गोया मेरे मुँह की बात छीन ली।

जुल्फ़िक़ार ख़ाँ शाही ख़ज़ाने की हालत हुए मैंने हुक़्म जारी किया था कि मनसबदारों को सनदें तब तक न दी जायें, जब तक उनके दावों की जाँच न कर ली जाय। **एक नज़र कोकलताश की ओर देखता है।** अब आपने जो नया अर्ज़ेमुक़र्रर नामज़द किया है, वह टुकड़ियों की गिनती किये बिना सारी रक़में मंजूर करता जा रहा है। नये मनसब न देने की मेरी हिदायत के बावजूद मलिका के तीन भाइयों को पाँच, छह और सात हज़ार के मनसब अता फ़र्माये गये हैं। क्या मैं पूछ सकता हूँ कि पहले से ही शिकस्ता काँधों पर इतना बोझ कैसे उठाया जायेगा?

जहाँदार शाह **हँसकर** पिछली बार सब्ज़ीफ़रोश ज़ोहराबी से क़र्ज़ लिया था, अब चूड़ीफ़रोश माहे–तलअत से ले लेंगे।

कोकलताश ज़ोर से हँसता है।

जुल्फ़िक़ार ख़ाँ **गम्भीरतापूर्वक** आज लिया हुआ क़र्ज़ कल लौटाना भी पड़ता है।

जहाँदार शाह एवं कोकलताश एक–दूसरे को देखते हैं।

कोकलताश ख़ाँ **फीकी हँसी से** वज़ीरुल्मुल्क़ आने वाले कल की फ़िक्र कुछ ज़्यादा ही करते हैं।

जुल्फ़िक़ार ख़ाँ **चुनौती भरे स्वर में** ख़ुद के लिए नहीं।

जहाँदार शाह मतलब?

जुल्फ़िक़ार ख़ाँ कल रात आयी वाक़यानवीसों की तहरीरों का आपने मुलाहिज़ा फ़रमाया?

लालकुँवर **अर्थपूर्ण ढंग से जहाँदार शाह की ओर देखती हुई हलकी अँगड़ाई के साथ हँसती है।** कल सारी रात तो...

जहाँदार शाह भी लालकुँवर की ओर देखता हुआ हँसता है।

कोकलताश भी जहाँदार शाह की देखादेखी हँसता है।

जुल्फ़िक़ार ख़ाँ **सन्तुलित खीझ से** अगर आप लोग हँस चुके हों, तो मैं अपना बयान जारी रखूँ?

लालकुँवर **खिलखिलाती हुई जहाँदार शाह को चुटकी काटती है। अर्थभरी अश्लीलता से** कुछ–न–कुछ तो ज़ारी

होवे ही है...किसी का बयान तो किसी का...

जहाँदार शाह भी लाल कुँवर को चुटकी काटता है। वह खिलखिलाती हुई दूर हट जाती है। जहाँदार शाह उसकी ओर बढ़ने को होता है।

जुल्फ़िक़ार ख़ाँ **क्रोधपूर्वक** मैं जिस मसले की बाबत अर्ज़ करना चाहता हूँ, उसका तअल्लुक़ आपकी हुकूमत, आपकी ज़िन्दगानी से है।

तीनों यथास्थान स्थिर हो जाते हैं।

जुल्फ़िक़ार ख़ाँ आपके भतीजे फ़र्रुख़सियर ने आपके ख़िलाफ़ बग़ावत कर दी है।...ख़बर मिली है कि इलाहाबाद के नायब सूबेदार अब्दुल्ला ख़ाँ और बिहार के नायब सूबेदार हुसैनअली–दोनों उसका साथ देने वाले हैं।

कोकलताश ख़ाँ सैयद बिरादरान...दोनों बेहद ख़तरनाक हैं।

जहाँदार शाह फ़र्रुख़सियर को कुचलने के लिए एकदम फ़ौज रवाना कर दी जाय। अज़ीमुश्शान के सर का तोहफ़ा आपने हमें अपने नेजे की नोक पर दिया था। हमें उम्मीद है कि उसके बेटे के सर के साथ भी यही सुलूक होगा।

लालकुँवर फ़ौज की कमान गुल्लू मियाँ को पकड़ाय दो। मुझे आपा आपा बोलते बेचारे की जीभ नाहीं सूखती।

कोकलताश ख़ाँ गुल्लू मियाँ के साथ मियाँ इख़्तियार को भेज दिया जाय। हमारे इस पुराने वफ़ादार को कभी जंग का तजुर्बा भी नहीं हुआ।

जुल्फ़िक़ार ख़ाँ जंग के तजुर्बे के लिए आप अपने लोगों को किसी छोटी मुहिम पर भेज सकते हैं।

कोकलताश ख़ाँ **गम्भीर स्वर में** मैं यह कहने के लिए मजबूर हूँ जनाबे आली कि आप हमेशा ऐसे लोगों को अपना जौहर दिखाने का मौक़ा देते हैं, जिन पर आपकी नज़रे—इनायत है।

जुल्फ़िक़ार ख़ाँ **बौखलाकर** वे ऐसी मुहिम पर जा रहे हैं, जिसके अंजाम पर आपकी हुकूमत मुनहसिर करती है।

जहाँदार शाह **नाटकीय स्वर में** क्या आप लोगों को अहसास है कि जिनकी यह हुकूमत है, उन्हें इतनी देर से कुछ भी कहने का मौक़ा नहीं मिला?

जहाँदार शाह अत्यन्त गम्भीर भाव से जुल्फ़िक़ार ख़ाँ, कोकलताश ख़ाँ, एवं लाल कुँवर को देखता है। विराम।

जहाँदार शाह **हाव–भाव से** लड़ाई पै जइबै मोरा सैंया बेदरदी...मोरे गौने की मेहँदी तो उतरी भी नाहीं...

लालकुँवर **हँसते और तालियाँ बजाते हुए** मोरे गौने की मेहँदी तो उतरी भी नाहीं... लड़ाई पै जइबै मोरा बलमा बेदरदी...

जहाँदार शाह मोरे माथे की टिकुली तो उतरी भी नाहीं...

लालकुँवर तथा कोकलताश ख़ाँ मोरे माथे की टिकुली तो उतरी भी नाहीं...लड़ाई पै जइबे हाये रसिया बेदरदी...

जहाँदार शाह मोरे नैनन का कजरा तो उतरो भी नाहीं...

जुल्फ़िकार ख़ाँ का वितृष्णा से प्रस्थान।

जहाँदार शाह एवं कोकलताश ख़ाँ मोरे नैनन का कजरा तो उतरो भी नाहीं ...लड़ाई पै जइबे मोरा छैला बेदरदी...

लालकुँवर **हाव–भाव व नखरे से** मोरे...

जहाँदार शाह हाँ–हाँ...

लालकुँवर मोरे जोबन की चुनरी तो उतरी भी नाहीं...

समवेत **नृत्य सहित** लड़ाई पै जइबे मोरा सैंया बेदरदी...मोरे गौने की मेहँदी तो उतरी भी नाहीं...

अन्धकार। दूसरे मंच–क्षेत्र में प्रकाश के साथ भाँड, नक़्क़ाल और बहुरूपिया पिछले गीत की पंक्तियाँ दुहराते हुए आते हैं और जहाँदार एवं लालकुँवर की नक़ल करते हैं। फिर तलवार भाँजने के मूकाभिनय के साथ 'लड़ाई पै जइबै' कई बार दुहराते हुए भाँड आवेश में आ जाता है और एक ओर बढ़ता जाता है। नक़्क़ाल और बहुरूपिया उसे पीछे से पकड़ते हैं।

बहुरूपिया अरे गुल्लू मियाँ, कहाँ चले?

भाँड शाही फ़ौज की कमान सँभालने...

बहुरूपिया **हिजड़े का अभिनय करते हुए** हाय, हमें भी साथ ले चलो न...

भाँड तू वहाँ जा के क्या करेगी...

बहुरूपिया हम...हम मारेंगी...

भाँड क्या?

बहुरूपिया **तीर चलाने के मूकाभिनय सहित** नज़रों के तीर...

भाँड तो फिर आ जा...

तीनों का 'लड़ाई पै जइबै' दुहराते हुए प्रस्थान। अन्धकार।

दृश्य दो

पटना। बिहार के नायब सूबेदार के भवन का एक कक्ष। अब्दुल्ला ख़ाँ एवं रतनचन्द के हाथ में चषक।

अब्दुल्ला ख़ाँ तुम्हें याद है हुसैन, बचपन में गाँव बारहा में हम शाम को भागकर चश्मे तक पहुँच जाते थे...सैयदी मक़बरों के पीछे, दूर उफ़क़ पर पीलापन छा रहा होता...ख़ामोशी में सिर्फ़ पानी की रवानी ...और दरख़्तों की मद्धम सरसराहट... हम लाल सौंधी मिट्टी के घरौंदे बनाते ...उस मुलायम मिट्टी की नमी मेरे हाथों की जिल्द अपने अन्दर समोती जाती... **क्रमशः भावविह्वल होने लगता है।** और मेरे अन्दर लगाव और अपनापे के लतीफ़ बगूले से फूटने लगते...दो हाथ के फ़ासले पर मेरी कुछ पीढ़ियाँ सुकून से सो रही थीं। उन्होंने इस अजनबी मिट्टी से अपना घर बनाकर अपनी जड़ें पायी थीं और उनके जज़्बात जैसे रिस–रिसकर इस ज़मीन के ज़र्रे–ज़र्रे में जज़्ब हो गये थे...इस लमहे में अपने हाथों में उसी मिट्टी की नमी महसूस कर रहा हूँ और अपने सीने में उन्हीं बगूलों की सिहरन...

हुसैनअली हम मिलकर बनाते घरौंदा...उसमें बड़ा हिस्सा...आपका होता और मेरा छोटा ...लेकिन हवा के रुख़ से उल्टी तरफ़, ताकि अगर गिरें, तो पहले आपकी दीवारें...

अब्दुल्ला ख़ाँ वही हसरते–तामीर पारे–सी थिरक रही है भीतर...और नक़्शा है–पूरी मुग़ल सल्तनत...जिसका तसव्वुर अकबरे–आज़म ने किया था...जिस रहगुज़र पर भी हमारे पाँव चलें–दूर कहीं अपने ख़्वाब की टिमटिमाती लौ देखते हुए–उसके नीचे की मिट्टी, वह सरज़मीन–हमारी गिरफ़्त में हो।

हुसैनअली गिरफ़्त...जिसमें हमेशा की तरह हिस्सा होगा?

विराम।

अब्दुल्ला ख़ाँ हर आदमी की ज़िन्दगी में एक ऐसा लमहा आता है, जब उसे एक बहुत ही अहम फ़ैसला करना होता है। यही फ़ैसला उसकी आगे की ज़िन्दगी को शक्ल देता है। हमारे लिए यह फ़ैसला और भी अहम इसलिए है, चूँकि इसका असर पूरे हिन्दुस्तान पर होगा। **हुसैनअली की ओर देखता है।** आज हम तवारीख़ के बहुत ही नाजुक मोड़ पर खड़े हैं।

हुसैनअली मैं डरता नहीं हूँ भाईजान! लेकिन क्या ग़लत फ़ैसलों की क़ीमत चुकाने वाले हमने ख़ुद अपनी आँखों से नहीं देखे? याद कीजिए अपने दोस्त नमरूद को...

अब्दुल्ला ख़ाँ हो सकता है, क़ीमत हमें भी चुकानी पड़े, लेकिन वह सही फ़ैसले की ग़लत क़ीमत होगी।

हुसैनअली मगर क़ीमत तो होगी। और दौरे मौजूदा में क़ीमत का एक ही मतलब होता है।

अब्दुल्ला ख़ाँ **हल्की मुस्कान से कुछ क्षण हुसैनअली को देखता रहता है।** तुम्हें इतना प्यार है ज़िन्दगी से?

हुसैनअली **आत्मोन्मुख–सा** हर दिन जैसे एक सौग़ात, हर लमहा जैसे मसर्रत का मुँहबन्द गुंचा...कि खिला और गिर्दो पेश उसकी ख़ुशबू से मुअत्तर हो उठा ...**आसपास देखता** है। यह मेरी ख़ुदी का फैलाव है...सूबे के एक सिरे से दूसरे सिरे तक हर नज़र मेरे रू–ब–रू पांपोश की तरह बिछी हुई, हर तबस्सुम मेरी इजाज़त की मुन्तज़िर...

अब्दुल्ला ख़ाँ यह दायरा और भी वसीह होगा–ख़ैबर से तंजौर और राजपूताना के रेगिस्तान से मुर्शिदाबाद तक...और इसी लिहाज़ से तुम्हारे इख़्तियार, तुम्हारी मसर्रत की वुसअत...

हुसैनअली और यह वुसअत सिमटकर फाँसी के तख़्ते में तब्दील हो गयी तो?

अब्दुल्ला ख़ाँ तो इत्मीनान होगा इस बात का कि अपना एक ख़्वाब था जिसे हक़ीक़त में तब्दील करने की कोशिश में...

फ़र्रुख़सियर, पादशाह बेगम और बादशाह बेगम का प्रवेश।

अब्दुल्ला ख़ाँ ख़ुशाम्दीद शहज़ादे फ़र्रुख़सियर...

अभिवादन का आदान–प्रदान।

फ़र्रुख़सियर बादशाह बेटी की तबीयत कुछ नासाज़ है आज। लेकिन सियासी माहौल को मद्देनज़र रखते हुए पीछे क़िले में छोड़ना मुनासिब नहीं समझा।

अब्दुल्ला ख़ाँ बजा है।

पादशाह बेगम फ़ैसले की घड़ी आन पहुँची है सैयद बिरादरान!

अब्दुल्ला ख़ाँ हाँ।

फ़र्रुख़सियर फ़ौज को तैयारी का हुक़्म दे दिया गया है। मंसबदारों को पैग़ाम भेजा गया है कि हमारा साथ देने के मानी हैं–मुल्क़ को बदहाली से बचाना।

अब्दुल्ला ख़ाँ तो फिर?

फ़र्रुख़सियर ढाका के क़ाज़ी मीर जुमला, लाहौर के फ़ौजदार ख़्वाजा आसिम और कोराजहानाबाद के फ़ौजदार छबेलाराम नागर हमारे साथ हैं।

अब्दुल्ला ख़ाँ बादशाह बेगम की ऊब लक्ष्य करता है।

अब्दुल्ला ख़ाँ बादशाह बेगम ज़नानख़ाने में आराम फ़र्मायें।

बादशाह बेगम का प्रस्थान।

फ़र्रुख़सियर जिन पै अज़ीमुश्शान की नज़रें करम रही है–इटावा के फ़ौजदार अली असग़र, उड़ीसा के सूबेदार ख़ानजहाँ बहादुर और नायब मुहम्मद रज़ा, बंगाल के दीवान मुर्शिदकुली ख़ाँ...

पादशाह बेगम **क्रोध दबाते हुए** सब अहसानफ़रामोश निकले।

विराम।

अब्दुल्ला ख़ाँ तो फिर शाही फ़ौज से मुक़ाबिला किस बूते पर?

पादशाह बेगम दिल्ली बदहाली के ग़ार में धँसी है। अगर हमारे साथ आप दोनों की फ़ौजें जोड़ दी जायें तो...

अब्दुल्ला ख़ाँ हुसैनअली के अतिरिक्त सबको चषक देता है।

फ़र्रुख़सियर आप ख़ामोश क्यों हैं बड़े सैयद?

पादशाह बेगम आपकी सियासी नज़र और हुसैनअली की हिक्मते जंग, यही हमारा सरमाया है।

अब्दुल्ला ख़ाँ विचारपूर्ण ढंग से घूँट लेता है।

फ़र्रुख़सियर दुरुस्त है न छोटे सैयद?

हुसैनअली भाई जान बेहतर जानते हैं।

विराम।

अब्दुल्ला ख़ाँ आपका फ़ैसला आपकी पैदाइश कर देती है शहज़ादे!...आपको फ़ैसला करने की ख़तरनाक राह से गुज़रना नहीं होता—हमारी तरह, जो एक छोटे, दो हज़ारी मनसबदार के घर में पैदा हुआ, उसका आसमान नीचा और छोटा होता है।

फ़र्रुख़सियर हम भी जहाँदार के रू—ब—रू दस्तबस्ता खड़े होकर अपना आसमान नीचा कर सकते थे—छोटा और महफ़ूज़।

अब्दुल्ला ख़ाँ सिर्फ़ तब तक के लिए, जब तक नये शहंशाह के क़दमों के नीचे ज़मीन

पुख़्ता नहीं हो जाती।

पादशाह बेगम यानी?

अब्दुल्ला ख़ाँ हर शहज़ादा शहंशाह के लिए ख़तरा होता है और आमतौर से इन ख़तरनाक चीज़ों को सलीमगढ़ के शाही क़ैदख़ाने में रखा जाता है, जहाँ बाहर की हवा और रोशनी उन्हें छू भी नहीं सकती।

पादशाह बेगम **कुछ ठहरकर** हम तस्लीम करते हैं कि हमारे सामने इन्तिख़ाब की गुंजाइश कम थी और आपके लिए ज़्यादा है।

अब्दुल्ला ख़ाँ लेकिन हासिल इसके बिल्कुल बरअक्स...

फ़र्रुख़सियर और पादशाह बेगम प्रश्नसूचक दृष्टि से देखते हैं।

अब्दुल्ला ख़ाँ शहज़ादा, जिसका ज़्यादा दिन सूबेदार तो क्या, ज़िन्दा रहना भी मुमकिन नहीं, शहंशाह होगा। और मैं, चार हज़ार का मंसबदार, क्या पाऊँगा, जिसके मौजूदा पै कोई आँच नहीं?

विराम।

पादशाह बेगम आपके मुँह से ऐसी बात ज़ेब नहीं देती बड़े सैयद! तख़्ते दिल्ली ने आपसे मंसबो–ओहदा छीन लिया था। शाही नाराज़गी और भी ख़ौफ़नाक ढंग से आप पै नाज़िल हो सकती थी। पर, मेरे सरताज ने आपको फिर से नामो–रुतबा अता किया था!

अब्दुल्ला ख़ाँ अज़ीमुश्शान की नवाज़िशरोज़े क़यामत तक याद रहेगी शाहबानो! लेकिन मत भूलिए कि आलमगीरी मंसबदार

पै नज़रे इनायत के साथ अपने तीनों भाइयों के ख़िलाफ़ अपनी ताक़त भी बढ़ायी गयी थी।

फ़र्रुख़सियर नज़रे इनायत के तलबग़ार तमाम थे।

अब्दुल्ला ख़ाँ तो फिर ख़तरे के इस लमहे में आज आपकी मदद के वास्ते वह पेश पेश क्यों नहीं हैं?

पादशाह बेगम **तनिक रुककर** आप सीधे बताएँ कि आपकी मंशा क्या है?

विराम।

फ़र्रुख़सियर हुकूमत में आने के बाद क़ाबिले एतबार लोगों का दर्जा तो बुलन्द होता ही है।

अब्दुल्ला ख़ाँ, फ़र्रुख़सियर तथा पादशाह बेगम की आँख बचाकर हुसैनअली को संकेत करता है।

हुसैनअली कितना?

फ़र्रुख़सियर **कुछ सोचकर** आप दोनों को पाँच–पाँच हज़ार का मनसब, साथ में इलाहाबाद और पटना की सूबेदारी...

अब्दुल्ला ख़ाँ भावहीन है। हुसैनअली अब्दुल्ला ख़ाँ की ओर देखता है।

अब्दुल्ला ख़ाँ **धीमे, व्यंग्यभरे स्वर में** आप तो अपने वालिद से भी ज़्यादा फ़राख़ दिल निकले शहज़ादे। हुकूमत की रासें सँभालने के बाद अपने इस जज़्बे को ज़रा क़ाबू में रखिएगा। ख़ज़ाना ए शाही की हालत यों ही नाज़ुक है।

फ़र्रुख़सियर हम समझे नहीं।

अब्दुल्ला ख़ाँ **विस्फोट कर देता है।** आप समझेंगे भी नहीं वलीअहद! आपने विरासत में जलालुद्दीन मुहम्मद अकबर का सिर्फ़ ख़ून पाया है, उसके ख़्वाब नहीं। आपकी नज़र में तख़्तेताऊस की सिर्फ़ शानोशौक़त है, उसका जलाल नहीं, लेकिन मेरे लिए हुकूमत बज़ाते ख़ुद मुद्दआ नहीं, वह सिर्फ़ वसीला है—अपने ख़्वाब को हक़ीक़त में तब्दील करने का।

विराम।

पादशाह बेगम **हल्के व्यंग्य से** तो हुकूमत में कौन—सा ओहदा है, जिससे आप...?

अब्दुल्ला ख़ाँ हुसैनअली के लिए मीर बख़्शी का ओहदा और मेरे वास्ते वज़ीर का।

फ़र्रुख़सियर तथा पादशाह एक—दूसरे को देखते हैं।

फ़र्रुख़सियर लेकिन ये दोनों ओहदे तो हम ख़्वाज़ा आसिम और मीर जुमला के लिए कुबूल कर चुके हैं।

अब्दुल्ला ख़ाँ **आक्रोश से** तो फिर कहिए आसिम और जुमला से कि आपके वास्ते तख़्तेशाही हासिल करें। हमें छोड़ दीजे अपने इस गोशे में ख़ान्दानेतैमूर का मर्सिया पढ़ने के लिए, उन अबाबीलों के काले डैनों की फड़फड़ाहट सुनने के लिए, जो क़िलएमुअल्ला पर शबोरोज़ मँडलाया करेंगी।

विराम। परवर्ती संवाद के बीच बादशाह बेगम का प्रवेश।

फ़र्रुख़सियर — **रुँधे स्वर में** हमसे दामन न छुड़ाइए बड़े सैयद! वे लोग जो कल तक हमारा दायाँ हाथ होने का दम भरते थे, आज हमारे साये को भी ज़िन्दा नहीं छोड़ना चाहते...उठते–बैठते, सोते–जागते... पीछे आयी हर आहट पर ऐसा महसूस होता है कि बस, किसी का ख़ंजर हमारा कलेजा बाहर निकालना ही चाहता है...रात का हौल–नाक अँधेरा, अँधेरे की ख़ौफ़नाक ख़ामोशी ...जैसे हमारे वजूद को परत–दर–परत छीलती जाती है...**फूटकर** ख़ुदकशी की कोशिश की थी हमने, **लेकिन...**

बादशाह बेगम अब्दुल्ला ख़ाँ ठण्डी निगाह से देखती है।

पादशाह बेगम — **फ़र्रुख़सियर के कन्धे पर हाथ रखते हुए, सान्त्वना से फ़र्रुख़...**

फ़र्रुख़सियर आँखें पोंछता हुआ बाहर जाने को बढ़ता है।

पादशाह बेगम — आपकी पेशकश हमें मंजूर है बड़े सैयद!

हुसैनअली तत्क्षण अब्दुल्ला ख़ाँ के गले लगता है। फिर अन्दर चला जाता है। पादशाह बेगम फ़र्रुख़सियर के पीछे जाती है। उसके पीछे बादशाह बेगम। चलते–चलते सहसा ठिठकती है।

बादशाह बेगम **घुटे आक्रोश से अब्दुल्ला ख़ाँ से** विज़ारत मुबारक हो।

प्रस्थान विराम। बड़ी, मँझली तथा छोटी बेगम, अब्दुल्ला ख़ाँ की पत्नियों का प्रवेश।

बड़ी बेगम **अब्दुल्ला ख़ाँ से** सुना है आप दिल्ली को कूच कर रहे हैं?

मँझली बेगम **उमंग में** तो दिल्ली में कौन–सा रुतबा मिल रहा है? सात हज़ारी?

छोटी बेगम इससे कम क्या होगा?

बड़ी बेगम इलाहाबाद की सूबेदारी तो पास रहेगी न?

मँझली बेगम दिल्ली दरबार में रहते हुए यह कैसे मुमकिन है आपा?

छोटी बेगम क्यों, ग़ैरमौजूद सूबेदार भी तो होते हैं, जिनके नाम पै नायब काम सँभालता है?

मँझली बेगम पर नामौजूद सूबेदारी तो शहंशाह के चुनिन्दा ख़ास अमीर को ही नसीब होती है।

बड़ी बेगम **मुस्कान सहित** तो अपने सरताज क्या शहंशाह के चुनिन्दा ख़ास अमीर नहीं?

सबकी सम्मिलित खिलखिलाहट।

छोटी बेगम हुसैन भाई ने बताया कि वे कल इलाहाबाद कूच कर रहे हैं।

मँझली बेगम यह सब क्या पहेली है?

बड़ी बेगम पटना का सूबेदार इलाहाबाद और इलाहाबाद का सूबेदार दिल्ली?

छोटी बेगम अभी फ़र्रुख़सियर भी तो तशरीफ़ लाये थे?

मँझली बेगम **चंचल मुस्कान से** कहीं बग़ावत का इरादा तो नहीं?

विराम।

अब्दुल्ला ख़ाँ बग़ावत हो चुकी है बेगम!

बड़ी, मँझली एवं छोटी बेगम **समवेत** या अली!

बानो, हुसैनअली की पत्नी, का प्रवेश।

बानो अय हय बाजियो! मीरासिनें कब से राह में दीदे बिछाये हैं।

तीनों जाने लगती हैं। हैदरबेग का प्रवेश।

बानो **हुसैनअली से लीजे,** हज करके आ गये हैदरबेग...

हुसैनअली **दोनों हाथ फैलाकर** हैदरबेग!

दोनों गले मिलते हैं।

हैदरबेग **हाथ का छोटा–सा बर्तन बानो की ओर बढ़ाते हुए** लीजे, आबे ज़मज़म...

बानो होंठों से छुआती है। फिर हुसैनअली। बड़ी, मँझली तथा छोटी बेगम झाँकती हैं।

बड़ी, मँझली एवं छोटी बेगम **साथ–साथ** ऐ बीवी! मीरासिनें कब से राह में दीदे बिछाये हैं।

बानो का प्रस्थान। पीछे बात करते हुए हुसैनअली तथा हैदरबेग भी चले जाते हैं। विराम।

अब्दुल्ला ख़ाँ रतनचन्द, तुम कल सुबह दिल्ली के लिए रवाना हो जाओ। मेरे हमनफ़स नमरूद के नाम मेरा ख़त देना।

रतनचन्द बहुत बेहतर जनाब!

अब्दुल्ला ख़ाँ और एक कोरा काग़ज़–मीर बख़्शी कोकलताश की मुहर के साथ।

रतनचन्द दुरुस्त है।

अब्दुल्ला ख़ाँ मैं देख रहा हूँ सियासी गहमागहमी से उड़ा दिल्ली का गर्दोगुबार...हर लमहे बदलती उसकी जिंसी शक्लोसूरत–दिलफ़रेब, बेताब...और नस–नस में चिंगारियाँ जगाता उसका गुदाज़ लम्स...

रतनचन्द **धीमे स्वर में** नसीमबानो का पैग़ाम आया है... कि अब तो आप लम्बे अर्से के लिए बाहर रहेंगे। आज की रात अगर हमारे निशात बाग़ में...

अब्दुल्ला ख़ाँ दिल्ली हासिल करने की अपनी हिक्मतेअमली तय करने के बाद आज बिहार की आख़िरी रात हमारे दिलो–दिमाग़ का तनाव पिघलेगा–नसीमबानो के हुस्नो–शौक की आँच में।

रतनचन्द तो आज की यह रात बिहार में हमारी आख़िरी रात समझी जाये?

विराम।

अब्दुल्ला ख़ाँ **धीरे–धीरे** अभी दिल्ली दूर है... **अन्धकार।**

दृश्य तीन

दिल्ली। भाँड, नक़्क़ाल और बहुरूपिये का गाते हुए प्रवेश।

भाँड नक़्क़ाल और बहुरूपिया *घोंसले में कोयल के कौआ*
उल्लू बाज की डाली पर
जिस बगिया का हो यह आलम
क्या बीतेगी माली पर
माली को मालूम नहीं है
क्या गुलाब है, क्या गोभी
भिण्डी में जूही की कलियाँ
बैंगन में चम्पा बो दी
हालत पर उट्‌ठे उँगली
या हो इल्ज़ाम सवाली पर
घोंसले में कोयल के कौआ
उल्लू बाज की डाली पर

तीनों मंच के एक भाग में धीमे स्वर में गुनगुनाते रहते हैं। टहलते हुए शायर और दिमाग़ी मिलते हैं।

दिमाग़ी क्यों भाई शायर! क्या हा़ल है?

शायर अच्छा नहीं।

दिमाग़ी क्यों? ग़ज़ल कहना मुश्किल हो रहा है क्या?

शायर ग़ज़ल कहना तो आसान है बिरादर, लेकिन उसकी एवज़ में कुछ हासिल करना बहुत मुश्किल हो रहा है।

दिमाग़ी ऐसा क्यों भाई? तुम्हारा वह क़सीदा तो सोने की खान है—ये जश्ने तमन्ना मुबारक मुबारक...हर शहंशाह ने उसे सुनकर कम अज़ कम सौ अशर्फ़ियाँ दी हैं।

शायर पर जहाँदार शाह ने नहीं।

दिमाग़ी सो क्यों?

शायर सुनकर अपनी गरदन की तरफ़ उनका हाथ गया—सोने की ज़ंजीर खींचने को। तो वह वहाँ थी नहीं। तबलची को दे दी थी...फिर बायाँ हाथ गया दायें हाथ की उँगलियों की तरफ़, तो अँगूठी नहीं थी। बेहतरीन क़िमाम का पान पेश करने वाला तमोली ले गया था। फिर दायाँ हाथ गया जेब के अन्दर...तो जेब कटी निकली।

दिमाग़ी **मुस्कान से** वो लाल कुँवर ने काटी होगी। **ठहाका।**

शायर फिर शहंशाहे हिन्दुस्तान ने मुझसे आहिस्ता से कान में कहा...कि यार शायर, तुम्हारा इनाम मुझ पर उधार रहा...अब तुम सुनाओ भई दिमाग़ी, तुम्हारा क्या हाल है?

दिमाग़ी बस, अदबो—फ़न के समुन्दर में गोते लगा रहा हूँ। सुबहो—शाम कहवा पी—पीकर बहसें कर रहा हूँ।

शायर क़िलाएमुअल्ला गये थे!

दिमाग़ी हाँ, गया था—पर जहाँदार शाह को शेरो—शायरी की गुफ़्तगू में दिलचस्पी

नहीं। उन्हें तो लालकुँवर के पाँवों में मेहँदी लगाना ज़्यादा पसन्द है।

विराम।

शायर यार दिमाग़ी, एक दरख़्वास्त है।

दिमाग़ी हुक़्म करो।

शायर बीस–पच्चीस सिक्के उधार दोगे?

दिमाग़ी **आवेश में** यार शायर, तुमने बिल्कुल मेरे मुँह की बात छीन ली।

पालकी में जहाँदार शाह और लालकुँवर का प्रवेश। नक़्क़ाल आदि सलाम करते हैं।

नक़्क़ाल **मुस्कान सहित** बादशाह सलामत तशरीफ़ ले जा रहे हैं।

भाँड साथ मलिका भी है।

बहुरूपिया जानते हो कहाँ?

नक़्क़ाल चिराग़े दिल्ली। शेख़ नसीरुद्दीन अवधी के हौज़ को। वहाँ लगातार चालीस इतवारों तक मियाँ–बीवी के साथ–साथ नंगे नहाने से सल्तनते–मुग़लिया को वलीअहद मिलेगा।

बहुरूपिया माशा अल्ला...माशा अल्ला...

भाँड इंशा अल्ला...इंशा अल्ला...

नक़्क़ाल, भाँड और बहुरूपिया **साथ–साथ**

इंशा अल्ला गोद भरे अब
लाल क़िले झूले पलना
दूध गिराकर दारू पीवे
होनहार ऐसा ललना
शहंशाह की चली सवारी
देख रही है दिल्ली सारी।

यह गाना गाते हुए बहुरूपिया फ़र्श पर पीठ के बल लेट, घुटने पेट तक खींच झूले की तरह डोलता है, भाँड झूला झुलाने की तरह बीच–बीच में बहुरूपिया के पैरों पर थपकी मारता जाता है। बहुरूपिया हाथों में थमी अपनी टोपी से पीने का मूकाभिनय करता है। अन्त में तीनों एक पंक्ति में जाने लगते हैं। भाँड मुँह से तुरही बजाता है, नक़्क़ाल, बहुरूपिया को चँवर डुलाने का और बहुरूपिया जहाँदार की तरह पान खाने और थूकने का मूकाभिनय करता जाता है। अन्धकार।

दृश्य चार

खँडहर। अब्दुल्ला ख़ाँ रतनचन्द तथा नमरूद का प्रवेश।

अब्दुल्ला ख़ाँ दिल्ली थोड़ी बदली हुई लग रही है नमरूद!

नमरूद बाहर से आने वाले को थोड़ा ऊपरी फ़र्क़ तो ज़रूर लगता है।

अब्दुल्ला ख़ाँ हाँ। अन्दर तो वही है–अवाम की बदहाली और सियासत के पेचो–ख़म...

विराम।

अब्दुल्ला ख़ाँ सब तक ख़बर पहुँच गयी है?

नमरूद हाँ।

अब्दुल्ला ख़ाँ यह जगह कौन–सी है?

नमरूद कुतुबमीनार से पाँच कोस मग़रिब में एक खँडहर।

विराम।

अब्दुल्ला ख़ाँ क्या ख़याल है नमरूद? मेरा साथ देने को कुछ लोग तैयार होंगे?

नमरूद **कुछ भरे स्वर में** कहना मुश्किल है अब्दुल्ला! लेकिन वास्ता है तीस बरस की दोस्ती का...मैं हर हाल, हर मुश्किल में तुम्हारे साथ हूँ...

अब्दुल्ला ख़ाँ भावविह्वल हो नमरूद को देखता है।

अब्दुल्ला ख़ाँ मुझे अपने अज़ीज़ दोस्त से यही उम्मीद थी।

उपरोक्त संवाद के बीच रतनचन्द सावधानी से एक कागज़ नमरूद की जेब में खिसका देता है। अब्दुल्ला नमरूद को सीने से लगा लेता है। तीनों का प्रस्थान। विराम। चिनकुलीच ख़ाँ तथा अमीन ख़ाँ का प्रवेश। अमीन ख़ाँ के हाथ में मशाल।

चिनकुलीच ख़ाँ यही जगह है अमीन ख़ाँ?

अमीन ख़ाँ हाँ, जनाबे आली!

चिनकुलीच ख़ाँ **कुछ ठहरकर** वक़्त तो हो रहा है।

अमीन ख़ाँ आते ही होंगे लोग।

विराम।

चिनकुलीच ख़ाँ पिछली दो पीढ़ियों से वज़ीर ईरानी फ़िरक़े का चल रहा है। चुनांचे सब बड़े–बड़े ओहदे उन्हीं के पास हैं। आज दरबारे दिल्ली में ईरानियों के ज़ात साढ़े चौबीस हज़ार और सवार चौबीस हज़ार है; जबकि हम तूरानियों के बीस हज़ार और पन्द्रह हज़ार छह सौ।

अमीन ख़ाँ लेकिन ज़ुल्फ़िकार के बाद तो अब्दुल्ला की विज़ारत होगी?

चिनकुलीच ख़ाँ हाँ, पर वह हिन्दुस्तानी मुसलमान हैं। लिहाज़ा उनका क़ौम की बिना पै अपना कोई ज़ाती गुट नहीं होगा। और हम अगर इस जंगे विरासत में उनका साथ

देंगे, तो तब्दीलिए बादशाह के बाद अब्दुल्ला पर ज़्यादा दबाव डाल सकेंगे।

जुल्फ़िक़ार ख़ाँ एवं नायब का प्रवेश। दोनों ओर से अभिवादन। जुल्फ़िक़ार ख़ाँ जगह का जायज़ा लेता है। परवर्ती संवाद के दौरान चिनक़ुलीच ख़ाँ तथा अमीन ख़ाँ बातचीत का मूकाभिनय करते रहते हैं।

नायब आपने बड़े सैयद का बुलावा क्यों मंजूर किया?

जुल्फ़िक़ार ख़ाँ मुझे नहीं लगता कि मेरी विज़ारत देर तक चलेगी।

नायब लेकिन नये निज़ाम में तो अब्दुल्ला ख़ाँ वज़ीर होंगे?

जुल्फ़िक़ार ख़ाँ लेकिन वह समझेंगे कि दरबारे दिल्ली में सबसे ताक़तवर ईरानी गुट को उसका हक़ मिलते रहना चाहिए।

नायब लेकिन अब्दुल्ला ख़ाँ के वज़ीर होते हुए दरबार में आपकी खुद्दारी को कुछ ठेस नहीं पहुँचेगी क्या?

जुल्फ़िक़ार ख़ाँ **कुछ ठहरकर** हम कोशिश करेंगे कि अब्दुल्ला की विज़ारत देर तक न चले।

दोनों की दृष्टि मिलती है।

जुल्फ़िक़ार ख़ाँ फ़र्रुख़सियर के वफ़ादार मीर जुमला और ख़्वाजा आसिम की हैसियत ज़्यादा नहीं। चुनांचे उन्हें दारुल्मुल्क़ में सबसे ताक़तवर ईरानी क़ौम का दामन थामना होगा।

नायब लेकिन फ़र्रुख़सियर के वालिद की मौत आपके ही हाथों हुई थी।

जुल्फ़िक़ार ख़ाँ **कुछ रुककर** अगर फ़र्रुख़सियर के पास सियासी शऊर है, तो वह इन्तक़ाम को भूलकर पहले दरबार में अपनी जुड़ें गहरी जमायेगा, जो हमारी मदद के बिना नहीं हो सकता।

अब्दुल्ला ख़ाँ, नमरूद तथा रतनचन्द का प्रवेश।

जुल्फ़िक़ार ख़ाँ तुम्हें इल्म है अब्दुल्ला कि तुमने कितना बड़ा ख़तरा मोल लिया है? ऐन तख़्ते शाही के नीचे...

अब्दुल्ला ख़ाँ किसी गुमनाम गोशे में अपनी ज़िन्दगी मैं अम्नो–सुकून से गुज़ार सकता था, लेकिन अपने नसीब को अक्सरियत से काटना मुझे मंजूर नहीं। मेरा मुस्तक़बिल भी वही है, जो दिल्ली के अवाम का। वैसा ही तारीक और जांशिकस्ता। इस मुस्तक़बिल को बदलने के लिए मौजूदा निज़ाम को ही बदलना होगा और इसके लिए मुझे आपकी मदद की दरकार है।

विराम।

चिनकुलीच ख़ाँ आपके पास फ़ौज कितनी है?

अब्दुल्ला ख़ाँ अभी उतनी नहीं, जितनी चाहिए।

अमीन ख़ाँ तो आपके इन्तज़ाम के लिए पैसा है?

अब्दुल्ला ख़ाँ हाँ।

जुल्फ़िक़ार ख़ाँ इतना कि उससे शाहे दिल्ली के ख़िलाफ़ फ़ौज खड़ी हो सकती है?

अब्दुल्ला ख़ाँ **हामी में सिर हिलाते हुए** तीन रोज़ पहले इलाहाबाद में हमने बंगाल का ख़ज़ाना अपने क़ब्ज़े में कर लिया।

अमीर एक–दूसरे को देखते हैं।

चिनक़ुलीच ख़ाँ आपको उम्मीद है कि आप कामयाब होंगे?

अब्दुल्ला ख़ाँ अगर आप लोगों की मदद मिली, तो...

ज़ुल्फ़िक़ार ख़ाँ आपको हमसे किस तरह की मदद की तवक़्क़ो है?

अब्दुल्ला ख़ाँ जैसी भी आप दे सकें...और आपको देनी चाहिए, क्योंकि तवारीखे मुग़लिया में अकबर, जहाँगीर और शाहजहाँ के साथ शहँशाहेआज़म का दौर चला गया। मेंहदी ख़्वाजा, बैरम ख़ाँ और महावत ख़ाँ के साथ अज़ौम विज़ारत भी ख़त्म हो गयी। दरबारे–दिल्ली में अब अज़ीमुश्शान अमीरों का दौर है। कामयाब होने के बाद हमारा पहला फ़र्ज़ होगा ख़ानदानी अमीरों को वह वर्तबा और इज़्ज़त देना, जिसके वह मुस्तहक़ हैं...और मुझे भी वह मिलना चाहिए, जिसका मैं मुस्तहक़ हूँ।

अमीन ख़ाँ यानी?

अब्दुल्ला ख़ाँ आप सबका पूरा यक़ीन...अगर एक लफ़्ज़ भी बाहर निकला तो आप जानते हैं कि मेरा क्या अंजाम होगा।

विराम।

चिनक़ुलीच ख़ाँ **अब्दुल्ला ख़ाँ से** आपने सबको एक साथ यहाँ बुलाने का ग़ैर–रिवायती क़दम क्यों उठाया?

अब्दुल्ला ख़ाँ अगर एक–एक अमीर से किसी नीम अँधेरे तहख़ाने में अलग–अलग बातचीत की जाये, तो यक़ीन का वह जज़्बा गहरा नहीं होता, जो ऐसे मंसूबों के लिए निहायत ज़रूरी है।

जुल्फ़िक़ार ख़ाँ आपको पूरा यक़ीन है कि हमारे बीच कोई दग़ाबाज़...?

तत्काल मौन। सब एक–दूसरे का जायज़ा लेते हैं।

अब्दुल्ला ख़ाँ **धीरे–धीरे संवाद प्रारम्भ करता है।** यों तो हमने पूरी होशियारी बरतने की कोशिश की है...लेकिन...

तेज़ी से कटार निकालकर नमरूद के सीने में घोंप देता है। अमीन ख़ाँ तथा नायब हड़बड़ाकर पीछे हटते हैं। जुल्फ़िक़ार ख़ाँ तलवार की मूठ पर हाथ रखता है। चिनक़ुलीच ख़ाँ तलवार निकाल लेता है। अब्दुल्ला नमरूद के अंगरखे की जेबें टटोलता है। एक से परवाना निकलता है। पढ़ता है। चिनक़ुलीच ख़ाँ एक दृष्टि अब्दुल्ला ख़ाँ पर डालता है, एक परवाने पर। फिर परवाना ले लेता है। खोलता है।

चिनक़ुलीच ख़ाँ **पढ़ता है।** तुम्हारा पैग़ाम मिला कि अब्दुल्ला ख़ाँ आज की रात तुम्हारे यहाँ क़याम करेगा। उसे खाने में ज़हर दे दो और इलाहाबाद की नायब सूबेदारी

सँभालने के वास्ते तैयार रहो। दस्तख़तो मुहर कोकलताश ख़ाँ...

जुल्फ़िक़ार ख़ाँ परवाना लेता है। सावधानी से देखता है। अब्दुल्ला ख़ाँ नमरूद के पास जाता है। झुक कर देखता है।

अब्दुल्ला ख़ाँ दग़ाबाज़! तीस बरस की दोस्ती पै थूक दिया तूने! और वह भी महज़ नायब सूबेदारी की ख़ातिर...पास रखता हमारे रिश्ते का तो सल्तनते मुग़लिया के दस हज़ारी मंसब भी तेरे आगे हेच थे।

विराम।

अब्दुल्ला ख़ाँ **भावविह्वल होकर** तू नहीं जानता कि तूने मेरे अन्दर एक बेहद नाजुक गुंचा सख़्त बेरहमी से रौंद डाला है और मुझे इस क़ाबिल नहीं रखा कि मैं अब ज़िन्दगी भर खुलूसो एतबार के जज़्बे का अहसास कर सकूँ...

जुल्फ़िक़ार ख़ाँ तुम कम अज़–कम मेरे ऊपर एतबार कर सकते हो।

दोनों की निगाह मिलती है।

जुल्फ़िक़ार फ़र्रुख़सियर का मुक़ाबला करने के लिए जो शाही फ़ौज भेजी जा रही है, उसकी कमान लालकुँवर के चहेते गुल्लू मियाँ को देता हूँ।

अब्दुल्ला ख़ाँ आपकी दुआएँ हमारी रहनुमाई करेंगी।

दोनों एक–दूसरे के हाथ पर हाथ रखते हैं।

चिनकुलीच ख़ाँ **व्यंग्य भरी करुण मुस्कान से** ऐलाने जंग से सिर्फ़ एक दिन पहले—आज बरसों की बेरुख़ी के बाद मुझे सात हज़ारी मंसब अता किया गया है, ताकि मैं उसकी क़ीमत अदा कर जाऊँ...लेकिन मैं आपको यक़ीन दिलाता हूँ अब्दुल्ला ख़ाँ कि मेरी फ़ौज मैदान—ए—जंग से दूर अकबराबाद में पड़ाव डाले रहेगी।

अमीन ख़ाँ तूरानी फ़िरक़ा कभी नहीं भूल सकता कि सब्ज़ीफ़रोश ज़ोहरा ने **चिनकुलीच ख़ाँ की ओर संकेत के साथ** हमारे सरगना की सरे बाज़ार बेहुरमती की थी। और वह शहंशाह ख़ामोश रहा, जो दावा करता है कि उसकी रगों में ख़ूने तैमूर ख़ाँ है।

चिनकुलीच ख़ाँ तूरानी फ़िरक़े की सिर्फ़ एक तमन्ना है—जहाँदार शाह का ख़ात्मा।

अब्दुल्ला ख़ाँ आपसे गुज़ारिश है कि जमुना पार करने के लिए पाँच सौ किश्तियों का बन्दोबस्त करें। मुकाम की ख़बर बाद में भेजी जायेगी।

अब्दुल्ला ख़ाँ के संकेत पर रतनचन्द जुल्फ़िक़ार तथा चिनकुलीच को थैलियाँ देने लगता है। अमीर एक—दूसरे को और अब्दुल्ला ख़ाँ को देखते हैं।

जुल्फ़िक़ार ख़ाँ ख़ुदा हाफिज़...

अब्दुल्ला ख़ाँ अगली मुलाक़ात नयी फ़िज़ा में होगी।

चिनकुलीच ख़ाँ इंशा अल्लाह...

जुल्फ़िक़ार एवं चिनक़ुलीच जाते–जाते ठिठकते हैं। तीखी दृष्टि से अब्दुल्ला ख़ाँ को देखते हैं। फिर झटके से प्रस्थान। रतनचन्द बाहर जाता है। अब्दुल्ला ख़ाँ नमरूद के पास आ घुटनों के बल बैठता है।

अब्दुल्ला ख़ाँ **करुण स्वर में** एक मौत के बग़ैर उन्हें यक़ीन नहीं होता...और सबसे कारगर मौत तुम्हारी होती...जितना नज़दीकी हमारा रिश्ता था, उतना ही गहरा उनका यक़ीन होता...मैं देख रहा हूँ तुम्हारी आँखों में–अपना चेहरा...वहाँ वहशी तमन्ना है और फ़रेब...लेकिन एक ख़्वाब भी है। रोज़े क़यामत अपना हिसाब करने से पेश्तर उसकी ताबीर भी पूछना...

धीरे–धीरे अन्धकार।

दृश्य पाँच

सलीमगढ़ का एक कक्ष, जहाँ बन्दी राजकुमार हैं। प्रकाश। द्वार पर एक बार सिपाही असलम दिखाई देता है।

रफ़ीउद्दौला जुम्मन मियाँ नहीं आये अब तक?... कितनी देर हो गयी।

हुमायूँ बख़्त बेचारे को अफ़ीम की तलब लग रही है।

रफ़ीउद्दर्जात बीवी से मुलाक़ात की मेरी दरख़्वास्त का फ़ैसला होना है। न जाने क्या हो।

रौशन अख़्तर जुम्मन मियाँ आयें तो सियासत के मोड़ का भी इल्म हो।

अज़ीउद्दीन ख़बर है कि सामूगढ़ की जंग में भाईजान का पलड़ा भारी पड़ रहा है।

रफ़ीउद्दर्जात फ़र्रुख़सियर के बादशाह होते ही **संकेत सहित** हुमायूँ बख़्त और अज़ीउद्दीन को सलीमगढ़ से निजात मिल जायेगी।

हुमायूँ बख़्त **इशारे के साथ** और बादशाह बेगम के मँगेतर रौशन अख़्तर को भी!

ठुमरी गाता हुआ रौशन अख़्तर क्षण भर को ठिठकता है।

परवेज़ **गहरी साँस लेकर** तीनों ठाठ से क़िलएमुअल्ला में रहेंगे।

रौशन अख़्तर इब्राहीम बेग, सुना तुमने?

इब्राहीम बेग **पुस्तक से निगाह उठाकर दार्शनिक भाव से** जहाँ जिसकी क़िस्मत ले जाये।

विराम। नेपथ्य से अज़ान का स्वर।

परवेज़ शाम हो रही है।

रौशन अख़्तर कैसी रौनक़ होगी इस वक़्त चाँदनी चौक में!

हुमायूँ बख़्त मेरी तो इस घड़ी बिला नागा बाज़ी लगी होती थी, एक–एक शहज़ोर बटेर के छक्के छुड़ाया करता था मेरा दिलपिजीर।

अज़ीउद्दीन और मैं पहुँचता था मामूजान की छत पै ... **पतंग को ढील देने के मूकाभिनय सहित** लाहौरी दरवाज़े के उस्मान से पचास मुहरों पै शर्त बदती थी।

परवेज़ **एक हाथ से जाम थामने के मूकाभिनय के साथ लड़खड़ाते हुए** मैं तो मुअज़्ज़न की आवाज़ के साथ ही...**पीने का अभिनय करता है।** ऐसी दीनपरस्ती भी दिखाई नहीं देगी आपको कि वहाँ एक आयत ख़त्म और यहाँ एक जाम!

रफ़ीउद्दर्जात पै यह जानकारी हासिल नहीं हो पायी अब तक कि जनाब रौशन अख़्तर उर्फ़ रंगीले पिया की हर शाम में किस कूचे की कौन–सी हसीना के पैराहन का रंग भरा रहता था?

रौशन अख़्तर हमारे रियाज़ का वक़्त था यह... **गुनगुनाता है।**

निसार **उदास भाव से** मैं घुड़सवारी करता था इस वक़्त...क़िलएमुअल्ला से कुतुब मीनार तक...

रफ़ीउद्दौला घुड़सवारी?

परवेज़ और बेचारा रफ़ीउद्दौला क्या करता था शाम को?

हुमायूँ बख़्त बेचारा! छह महीने की उम्र से यहाँ क़ैद है। ग़रीब ने घोड़ा कभी देखा ही नहीं।

जुम्मन का प्रवेश।

कई स्वर जुम्मन मियाँ!

जुम्मन किस क़दर भीड़ थी चाँदनी चौक में आज! कन्धे–से–कन्धा छिलता था।

राजकुमार उसे घेर लेते हैं।

जुम्मन हाँ, तो सँभालिए अपनी फ़र्माइश... **देते हुए** शहज़ादे रफ़ीउद्दौला के लिए नफ़ीस अफ़ीम...शहज़ादे हुमायूँ बख़्त के वास्ते चौसर...शहज़ादे अज़ीउद्दीन के लिए मटरू चाट वाले के चटपटे कचालू...शहज़ादे इब्राहीम बेग के लिए बोस्ताँ...और शहज़ादे रफ़ीउद्दर्जात के वास्ते बुरी ख़बर कि उनकी बीवी से मुलाक़ात की दरख़्वास्त पर फ़ैसला नहीं हो पाया।

रफ़ीउद्दर्जात क्यों?

जुम्मन क्योंकि कोई फ़ैसला करने वाला नहीं।

कई राजकुमार **समवेत** क्या?

जुम्मन सैयद भाइयों के साथ शहंशाह फ़र्रुख़सियर लाल क़िले पहुँच चुके हैं। **राजकुमारों में प्रतिक्रिया होती है।**

हुमायूँ बख़्त **उमंग से** भाईजान बादशाह हो गये!

अज़ीउद्दीन **आवेग से** अब हमें सलीमगढ़ से छुटकारा मिल जायेगा।

दोनों हँसते हुए रौशन अख़्तर के पास आते हैं। वह दोनों को अपनी बाँहों में ले लेता है। हुमायूँ बख़्त एवं अज़ीउद्दीन हँसते–हँसते यकायक रोने लगते हैं। इब्राहीम बेग निर्लिप्त भाव से अपनी पुस्तक के पन्ने पलट रहा है। जुम्मन असलम के पास आता है।

असलम इतनी देर कहाँ लगायी तुमने?

जुम्मन शहज़ादों ने कुछ मँगाया था।

असलम भैया, इन नसीबजलों का साथ भी मनहूस है। मेरा नाना दाराशिकोह का हुक़्क़ाबरदार था। अपनी जीत के बाद औरंगज़ेब ने उस ग़रीब को भी सूली चढ़ा दिया था। मेरी बीवी का पड़दादा कामरान का चिलमची था। हुमायूँ ने अपनी जीत के बाद यतीम बुड्ढे को भी फाँसी दे दी थी।

जुम्मन क्या कहूँ! जब याद आता है कि सामने बिनती करता यह वही शहज़ादा है, जो झरोखे पर बादशाह के पीछे होता था, तो न करते नहीं बनती और फिर क़ैद में की गयी मदद कभी–कभार अपना

रंग भी तो दिखाती है। याद करो, करीम हमारा ही साथी था। जहाँदार के गद्दी पाते ही तीन हज़ार का मनसब पा गया।

असलम और जहाँदार की गद्दी छिनने के बाद अब करीम का अंजाम क्या होगा?

जुम्मन कोई उत्तर नहीं दे पाता।

असलम भैया, घोड़े की पिछाड़ी बुरी है और सियासी आदमी की अगाड़ी...

अन्धकार।

दृश्य–छह

लाल क़िला। धीरे–धीरे प्रकाश। दरबार। फ़र्रुख़सियर सिंहासन पर है।

शायर *ये जश्नेतमन्ना मुबारक मुबारक,*
यह फ़तेह का लमहा मुबारक मुबारक,
ये तख़्ते मुग़लिया सलामत सलामत,
ये अहसासे शादाँ मुबारक मुबारक,
ये रौशन दरीचे, ये दिलशाद कूचे,
हरेक सिम्त ये रंगो बू के बग़ीचे
फ़िज़ाओं में नग़्मे, हवाओं में नौबत,
गुलों में नज़ाकत और गुंचों में, रंगत
ये दिल्ली की गलियाँ सलामत सलामत,
हसीं रंगरलियाँ मुबारक मुबारक...

फ़र्रुख़सियर गले की माला उतार कर फेंकता है। शायर लपकता है। अभिवादन सहित पीछे हटता है। नाज़िर सिक्कों से भरा थाल लिए मीर जुमला के पास आता है।

मीर जुमला **सिक्का ऊपर उठाते हुए** सिक्का ज़द अज़ फ़ज़्लेहक़ बरसिमओज़र...पादशाहे बहरोबर, फ़र्रुख़सियर...

दरबारी **समवेत** बादशाह सलामत!...बादशाह सलामत!...

एक वयोवृद्ध अमीर यतो इज़्ज़ो मन तशाओ वा तो ज़िल्लो मन तशा...

दरबारी **समवेत** बादशाह सलामत !...बादशाह सलामत!...

विराम।

फ़र्रुख़सियर मैदाने जंग में मंच शम्बा का दिन हमारे वास्ते कामायाबी का दिन हुआ। चुनांचे आज से वह मुबारक शम्बा के नाम से जाना जायेगा।

दरबारी **साथ–साथ** मरहबा...मरहबा...

फ़र्रुख़सियर इस हक़ीक़त को अंजाम देने में जिन दो जाँबाज़ों का अहम हिस्सा है, उनमें से पहले सैयद अब्दुल्ला ख़ाँ सल्तनते मुग़लिया के वज़ीर होंगे–सात हज़ार के मनसब के साथ मुल्तान के ग़ैरमौजूद सूबेदार...

नक़ीब **पुकारता है।** नवाबुल्मुल्क़, यमीनुद्दौला, सैयद अब्दुल्ला ख़ाँ बहादुर, जफ़रजंग, सिपहसालार, यारे वफ़ादार...

नक़ीब की पुकार शुरू होते ही अब्दुल्ला ख़ाँ आगे आता है। नाज़िर थाल की ख़िलअत फ़र्रुख़सियर की ओर बढ़ाता है। फ़र्रुख़सियर ऊपर से ख़िलअत छू देता है। नाज़िर थाल अब्दुल्ला ख़ाँ की ओर बढ़ाता है। अब्दुल्ला ख़ाँ नीचे से थाल छू देता है।

दरबारी आफ़रीं सदआफ़रीं...

अब्दुल्ला ख़ाँ अपने स्थान पर आता है।

फ़र्रुख़सियर और दूसरे हुसैनअली, फ़ौज के मीरबख़्शी—सात हज़ारी मनसब के साथ बिहार के नामौजूद सूबेदार...

नक़ीब उमदत्उल्मुल्क, अमीरुल्उमरा, सैयद हुसैनअली बहादुर, फ़ीरोज़जंग, सिपहसालार...

हुसैनअली आगे आता है। ख़िलअत वाली प्रक्रिया दुहरायी जाती है।

दरबारी मरहबा...मरहबा...

हुसैनअली अपनी जगह आता है।

फ़र्रुख़सियर वक़्ते मौजूदा की हक़ीक़त में हमारे दो अज़ीज़ दोस्त सबसे पहले याद आते हैं। मीर जुमला—सात हज़ार के मनसब के साथ दारोगाएख़्वासान, दारोग़ाएगुस्लख़ाना और ख़्वाजा आसिम—सात हज़ारी मनसब के साथ दारोग़ाएदीवानेख़ास और बख़्शियेवालाशाही...

अब्दुल्ला ख़ाँ सहसा अपनी जगह से फ़र्रुख़सियर के निकट आ जाता है।

अब्दुल्ला ख़ाँ आज का यह लमहाएमसर्रत दो बेहद दानिशमन्द उमरा के बग़ैर अपने वजूद में नहीं आ सकता था—तूरानी फ़िरके के चिनकुलीच ख़ाँ और मुहम्मद अमीन ख़ाँ, जो पहले पेश किये जाने के मुस्तहक़ हैं...

फ़र्रुख़सियर क्रोधित होता है। उसकी दृष्टि मीर जुमला एवं ख़्वाजा आसिम से मिलती है। हुसैनअली अब्दुल्ला ख़ाँ के पास आ जाता है और जताकर अपनी तलवार की मूठ पर हाथ रखता है।

हुसैनअली **डपटकर** नक़ीब...

नक़ीब चिनकुलीच ख़ाँ, निज़ामुल्मुल्क़... सल्तनते मुग़लिया के सबसे अज़ीम सूबे दकन के सूबेदार...मुहम्मद अमीन ख़ाँ...एतमादुद्दौला, नुसरतजंग, फ़ौज के नायब बख़्शी...

चिनकुलीच ख़ाँ तथा मुहम्मद अमीन ख़ाँ आगे आते हैं। मीर जुमला एवं ख़्वाजा आसिम की परस्पर कानाफूसी के दौरान ख़िलअत की रस्म पूरी होती है।

कुछ दरबारी मरहबा...मरहबा...

अब्दुल्ला ख़ाँ और ईरानी सिपहसालार ज़ुल्फ़िक़ार ख़ाँ, जो पता नहीं क्यों यहाँ मौजूद नहीं...

फ़र्रुख़सियर अचानक खड़ा हो जाता है।

फ़र्रुख़सियर माँबदौलत के सर में यकायक सख़्त दर्द महसूस हो रहा है। बक़ाया कार्रवाई मुल्तवी की जाती है।

आशंका का वातावरण। फ़र्रुख़सियर, मीर जुमला तथा ख़्वाजा आसिम का प्रस्थान। अन्धकार होने के

साथ–साथ डौंडी पीटी जाती है और डौंडीवाले का स्वर सुनाई देता है–"खल्क़ ख़ुदा का, अहद बादशाह का, हुक्म वज़ीरेआज़म का...दशहरे के मुक़द्दस मौक़े पर हिन्दुओं को नयी सौग़ात..."

दृश्य सात

लाल क़िले का एक कक्ष। मीर जुमला फ़र्रुख़सियर का चषक भर रहा है।

मीर जुमला पीरो मुर्शिद! जुल्फ़िक़ार को तलब किया जाये और... **गर्दन काटने का संकेत करता है।**

फ़र्रुख़सियर **हिचकिचाहट से** लेकिन सैयद बिरादरान से कोई मश्विरा नहीं किया।

ख़्वाजा आसिम अगर आप बिल्कुल शुरू में ही यह ज़ाहिर कर दें आलीजाह कि हुकूमत शहंशाह करता है, वज़ीर और मीर बख़्शी महज़ उसके मातहत हैं, तो दुरुस्त होगा।

मीर जुमला अब्दुल्ला ख़ाँ की बदतमीज़ी ज़िल्ले सुबहानी को ख़ुद नागवार गुज़री है।

ख़्वाजा आसिम इस तरह उनके हौसले बढ़ते ही जायेंगे।

फ़र्रुख़सियर विचारपूर्ण ढंग से चषक से कुछ घूँट लेता है।

मीर जुमला सैयदों ने अपनी रविश तय कर ली है और वह है बाअसर उमरा की तरफ़दारी ...हिन्दुस्तानी अमीरों के सरगना दोनों सैयद ख़ुद हैं ही। तूरानी चिनकुलीच

को दरबार में हमसे पहले पेश करने के वास्ते अब्दुल्ला किस क़दर तड़प उठे थे, आपने ख़ुद मुलाहिज़ा किया है और जंग से पहले ईरानी जुल्फ़िक़ार से गुफ़्तगू करने के लिए वजीरुल्मुल्क़ अपना सर हथेली पर रखके ख़ुद दिल्ली तशरीफ़ लाये थे।

ख़्वाजा आसिम दोनों के बीच ज़रूर कोई क़रार हुआ होगा।

मीर जुमला जहाँदार शाह का वज़ीर बिना किसी फ़ायदे के हमारी मदद क्यों करेगा?

ख़्वाजा आसिम अब होगा यह कि हुज़ूर के ख़िलाफ़ अमीरों की मज़बूत दीवार खड़ी कर दी जायेगी।

मीर जुमला फ़र्रुख़सियर का चषक भरता है।

मीर जुमला **तौलते हुए** और जुल्फ़िक़ार ने आपके बड़े भाई और वालिद को जिस तरह...

फ़र्रुख़सियर ताली बजाता है। कुछ क्षणों बाद सैनिकों से घिरे बन्दियों का प्रवेश। दो के चेहरे बारीक़ कपड़े से छिपे।

जुल्फ़िक़ार ख़ाँ आलमपनाह! बड़े सैयद ने मुझसे आपके नुमाइन्दे की हैसियत से मुलाक़ात की थी। कहाँ हैं वह?

फ़र्रुख़सियर **ठण्डे स्वर में** और उस मुलाक़ात से पहले? **जुल्फ़िक़ार सिर झुका लेता है।**

फ़र्रुख़सियर शाह आलम की ख़्वाहिश थी कि उनके बाद हमारे वालिद अज़ीमुश्शान

तख़्तनशीं हों। पर तुमने विज़ारत के लालच में तीनों भाइयों को उनके ख़िलाफ़ इकट्ठा कर दिया...मैदाने जंग में तुमने हमारे बड़े भाई को निहायत बेरहमी से क़त्ल किया...तुम्हारे ख़ंजर से घायल अब्बा हुज़ूर ने दलदल में फँसकर... **आवेग सँभालता है।** तूने हमारी दुनिया ही बदल दी थी नामुराद! बाप और भाई की सरपरस्ती में ऐशो–इशरत के दिन गुज़ारने वाले हम...यकायक तनोतनहां, बेसहारा... तूने जाम छीनकर हमारे लरज़ते हाथ में ज़बरदस्ती शमशीर थमा दी थी बदज़ात! यह महज़ क़िस्मत है कि फ़तेह ने हमारी थकी टूटी साँसों का बोसा लिया...वर्ना हम तो अपना फ़ातिहा खुद ही पढ़ चुके थे...

विराम।

जुल्फ़िक़ार ख़ाँ कुसूर मेरा उतना नहीं आलीजाह, जितना इनका है।

बढ़कर दोनों बन्दियों के चेहरे से कपड़ा उलट देता है। जहाँदार शाह तथा लालकुँवर। हाथों में हथकड़ी। फ़र्रुख़सियर, मीर जुमला एवं ख़्वाजा आसिम की दृष्टि मिलती है।

मीर जुमला **मुस्कान से** आज चालीसवाँ इतवार है पीरोमुर्शिद!

ख़्वाजा आसिम आज जहाँदार शाह को वलीअहद के कोख में आने की ख़बर मिलनी थी।

जुल्फ़िक़ार ख़ाँ मैदाने–जंग से भाग कर जहाँदार शाह ने मेरे यहाँ पनाह ली थी। मैंने सोचा कि इस तरह मैं आपके रू–ब–रू अपनी वफ़ादारी का सुबूत पेश कर सकता हूँ।

लालकुँवर **त्रस्त** मैं रण्डी तो बेकसूर हूँ बादसा सलामत! जहाँदार साह से अपना बदला बेसक ले लो, पर मेरी जान बख्स दो सहंसाह!

जहाँदार शाह फ़र्रुख़...मेरे भतीजे!

फ़र्रुख़सियर जहाँदार शाह की ओर देखता है। चेहरे पर करुण मुस्कान आ जाती है। जहाँदार शाह का एक हाथ अपने हाथों में लेता है।

फ़र्रुख़सियर ये चारों हाथ नस्ले–बाबर के हैं। इनकी रगों में एक ही लहू रवाँ है...लेकिन कैसी तासीर है इस लहू की कि इसमें अपने ही ख़िलाफ़ बल–वले पैदा हो जाते हैं... **उसका हाथ झटकते हुए** बहुत ग़लीज़ है, यह लहू...यह लहू नहीं, मवाद है। इसकी ग़लाज़त से इन्सानी जज़्बात से यक़ीन उठा जाता है!...ओह, ख़ुद से नफ़रत की ऐसी शिद्दत...गोया मेरी नसों की चिंगारियाँ इस लहू को जलाकर राख कर देना चाहती हों... **चीख़कर** ले जाओ...ले जाओ इस लहू को...और ज़हरीले पानी की तरह बहाओ...

सैनिक जहाँदार शाह तथा लालकुँवर को ले जाते हैं। कुछ क्षणों

बाद फ़र्रुख़सियर मुड़ता है और जुल्फ़िक़ार को देखता है।

फ़र्रुख़सियर **क्रोध से** ले जाओ इस नामुराद को भी... और फाँसी पर लटका दो।

जुल्फ़िक़ार भी ले जाया जाता है। फ़र्रुख़सियर भरा चषक मीर जुमला से लेकर होंठों से लगाता है। अन्धकार।

दृश्य आठ

डौंडी पीटने वाले का प्रवेश।

डौंडी पीटने वाला ख़ल्क़ ख़ुदा का, अहद बादशाह का, हुक्म वज़ीरे आज़म का...दशहरे के मुक़द्दस मौक़े पर हिन्दुओं को नयी सौग़ात...तवारीख़े मुग़लिया में आज सालों के बाद महसूले जज़िया ख़त्म किया जाता है।...हिन्दुओं पै लगी दूसरी पाबन्दियाँ भी उठा ली गयी हैं। अब वे पालकी में सवार हो सकते हैं। अरबी और ईरानी घोड़े रख सकते हैं। जैसे चाहें वैसे दाढ़ी कतर सकते हैं। कानों में हीरे–मोती पहन सकते हैं। दीवानी मुक़दमों में उनकी गवाही भी मानी जायेगी।...ख़ल्क़ ख़ुदा का, अहद बादशाह का, हुक्म वज़ीरे आज़म का...

प्रस्थान। नक़्काल, भाँड एवं बहुरूपिया गाने और नाचने लगते हैं।

नक़्काल भाँड तथा बहुरूपिया
अब्दुल्ला और हुसैनअली,
मुल्क़ में उनकी ख़ूब चली
लाल क़िले की शाहबुर्ज से
दूर गाँव की गली गली...

अन्धकार।

दृश्य नौ

	लाल क़िले का एक कक्ष।
मीर जुमला	पीरो मुर्शिद! जुल्फ़िक़ार की मौत के बाद जैसे ही मैं उसकी हवेली पर क़ब्ज़ा करने के लिए पहुँचा, तो देखा कि अब्दुल्ला ख़ाँ के आदमी वहाँ पहले से मौजूद हैं।
ख़्वाजा आसिम	कहा जाता है कि हवेली में बेशुमार हीरे–जवाहिरात हैं।
	पादशाह बेगम का प्रवेश।
पादशाह बेगम	फ़र्रुख़सियर! यह क्या नादानी कर बैठे तुम?
फ़र्रुख़सियर	**चौंक कर** अम्मी हुज़ूर!
पादशाह बेगम	सारी रिआया तुम पर थू–थू कर रही है। इतना वज़ादार अमीर, जिसको इतनी बेरहमी से क़त्ल किया गया...
फ़र्रुख़सियर	आप भी यही फ़र्मा रही हैं?
मीर जुमला	आपको तो मुत्मइन होना चाहिए कि आपके मरहूम शौहर का इन्तिक़ाम ले लिया गया।
पादशाह बेगम	लेकिन उसके बिना आज का यह दिन देखना नसीब न होता।
ख़्वाजा आसिम	**आश्चर्य से** अभी दो दिन पहले आपने जुल्फ़िक़ार के वास्ते अपने मुख़ालिफ़त के जज़्बे का इज़हार किया था।

पादशाह बेगम वह जज़्बा अब भी अपनी जगह धड़क रहा है ख़्वाजा आसिम!

फ़र्रुख़सियर तब फिर जुल्फ़िक़ार की टूटी साँस पर आपका रुख़ बदल क्यों गया?

पादशाह बेगम चूँकि दो दिन में दरबारे दिल्ली की सियासत का रुख़ बदल गया है।

फ़र्रुख़सियर प्रश्नात्मक दृष्टि से देखता है।

पादशाह बेगम हमारी तरक़ीब क्या होनी चाहिए थी... कि बुलन्द परवाज़ के लिए फड़फड़ाते बड़े सैयद के डैनों को अपने ही घोंसले में दबाये रखने के लिए उनके रू–ब–रू हम एक बहुत ही ताक़तवर खान्दानी अमीर को रक्खें। इसके लिए दरबारे दिल्ली में जुल्फ़िक़ार से बेहतर और कौन हो सकता था?

विराम।

फ़र्रुख़सियर **धीमे स्वर में** हमसे बड़ी नादानी हो गयी।

मीर जुमला इस बात की तस्दीक़ कौन करेगा कि कोई बड़ा ओहदा पाने के बाद जुल्फ़िक़ार भी अपने हाथों में ज़्यादा ताक़त समेटने की कोशिश नहीं करते?

पादशाह बेगम अब्दुल्ला और जुल्फ़िक़ार, दोनों एक दूसरे की ताक़त पै तवाज़ुन का काम करते और बादशाहत, जो इन दोनों से कम ताक़तवर होती, महफ़ूज़ रहती।

ख़्वाजा आसिम आपकी तजवीज़ आस्तीन में एक और साँप पालने की थी।

पादशाह बेगम सियासत और साँप–इनका चोली–दामन का साथ है ख़्वाजा आसिम! ...जुल्फ़िक़ार के साथ सादुल्ला, हिदायत और क़ासिम को फाँसी पर लटकाया गया। क्यों? मीर बख़्शी और वज़ीर के ओहदों तक अपना रास्ता साफ़ करने के लिए ही न?

फ़र्रुख़सियर इनके ज़िन्दा रहने से हमें क्या फ़ायदा था?

पादशाह बेगम तुम्हें हुकूमत की बेहतरी के लिए तजुर्बेकार अमीरों की ज़रूरत नहीं?

फ़र्रुख़सियर जुमला और आसिम के होते हुए?

पादशाह बेगम जुमला और आसिम को कितना तजुर्बा है हुकूमत का?

फ़र्रुख़सियर यानी अब हुकूमत के हर फ़ैसले में आप दख़ल देंगी?

पादशाह बेगम दख़ल नहीं, सलाह...

फ़र्रुख़सियर **व्यंग्य से** इतनी बड़ी सल्तनत की हुकूमत में सलाह देने का हक़ उसी को है, जिसके पास अपनी ताक़त हो। पुराने अमीर होने के नाते जुमला और आसिम की फिर भी सियासी बुनियाद है। पर हरमसरा के बाहर क्या है आपकी ज़ाती ताक़त?

पादशाह बेगम **आवेग से** मेरी ज़ाती ताक़त है–तुम्हारी भलाई की सच्ची चाहत...

फ़र्रुख़सियर **हँसता है** या बेटे की बादशाहत में असली ताक़त अपनी मुट्ठी में रखने की सौतेली माँ की तारीख़ी तमन्ना?

ऊपरी संवाद के बीच अब्दुल्ला ख़ाँ और हुसैनअली का प्रवेश। पादशाह बेगम अब्दुल्ला ख़ाँ को देखती है। चेहरे पर स्निग्ध मुस्कान आ जाती है।

पादशाह बेगम **अब्दुल्ला ख़ाँ को देखते हुए** तवारीख़ तो अब बड़े सैयद ही बनायेंगे।

झटके से प्रस्थान। एक ओर अब्दुल्ला ख़ाँ एवं हुसैनअली चौंकते हैं और दूसरी ओर फ़र्रुख़सियर, मीर जुमला तथा ख़्वाजा आसिम। क्षणिक विराम।

अब्दुल्ला ख़ाँ **फ़र्रुख़सियर से** माथे पै सायाएकोहेनूर पाने के बाद जो पहला काम आपने अंजाम दिया है, वह वादाख़िलाफ़ी का दर्जा रखता है—आपको मेरे तईं और मेरी अमीरे दिल्ली के तईं...

मीर जुमला इस बात से तो इनकार नहीं किया जा सकता कि अज़ीमुश्शान मरहूम की मौत का बाइस...

अब्दुल्ला ख़ाँ **टोक कर** मैं जहाँपनाह से मुख़ातिब हूँ।

मीर जुमला तीव्र दृष्टि से अब्दुल्ला ख़ाँ की ओर देखता है।

फ़र्रुख़सियर **दुर्बल स्वर में** दरहक़ीक़त ज़ुल्फ़िक़ार को देखते ही हम जज़्बात की रौ में बह गये थे।

अब्दुल्ला ख़ाँ **आवेग में** अभी जब दूसरे अमीर मुझसे वादा—शिकनी का जवाब तलब करेंगे, तो मैं उनसे क्या कहूँगा? कि

आलमपनाह जज़्बात की रौ में बह गये थे?

ख़्वाजा आसिम अपने वालिद के क़ातिल को लेके ऐसा रद्दे अमल...बहुत आम है।

अब्दुल्ला ख़ाँ आम रद्दे अमल से बादशाहत नहीं चलती जनाबे मोहतराम! तख़्त फ़ौलाद की नसों का तक़ाजा करता है।

दुल्हन के वेश में बादशाह बेगम और एक सिपाही का प्रवेश।

सिपाही दारोग़ा ने कहा कि मीर बख़्शी के हुक़्मनामे के बिना मैं कुछ नहीं कर सकता।

अब्दुल्ला ख़ाँ **नाराज़गी से** यह सब क्या बखेड़ा है?

फ़र्रुख़सियर सलीमगढ़ से नन्हे मियाँ को रिहा करा दिया जाय। बचपन में ही उनसे बादशाह बेटी की मँगनी हो चुकी है। मेरे दोनों छोटे भाई हुमायूँ बख़्त और अज़ीउद्दीन भी वहीं हैं।

अब्दुल्ला ख़ाँ नन्हे मियाँ?

मीर जुमला खुजिस्ता अख़्तर के साहबज़ादे!

ख़्वाजा आसिम जहाँदार ने उन्हें बिना वजह क़ैद करा दिया था।

अब्दुल्ला ख़ाँ एवं हुसैनअली की दृष्टि मिलती है।

अब्दुल्ला ख़ाँ **क्रोधित स्वर में** दिल्ली का माहौल फ़िलहाल शादी और ख़ानाआबादी के वास्ते मौजूँ नहीं।

हुसैनअली पहले हमें हालात पर अपनी गिरफ़्त मज़बूत करनी चाहिए।

फ़रुख़सियर **आजिज़ी से** निकाह की सारी तैयारी हो चुकी है। मेहर तै हो गया है। रस्मे हिनाबन्दी हो चुकी है।

हुसैनअली हिना उतारी जा सकती है।

फ़रुख़सियर आपको इसलिए इत्तिला नहीं दी कि यह ज़ाती मामला है।

अब्दुल्ला ख़ाँ यह सियासी मामला है—अपनी ताक़त में इजाफ़ा करने का तरीक़ा।

फ़रुख़सियर यह आप क्या फ़र्मा रहे हैं? सियासी रंगत देकर बेटी के मुस्तक़बिल को...

अब्दुल्ला ख़ाँ **बीच में ही** मुझे अभी जिन मामलात पै तज़्क़िरा करना है, उनका तअल्लुक़ हिन्दुस्तान के मुस्तक़बिल से है।

हुसैनअली **ऊँचे स्वर में** तख़लिया...

बादशाह बेगम एक बार घुटे आक्रोश से अब्दुल्ला ख़ाँ को देखती है। फिर प्रस्थान। विराम।

अब्दुल्ला ख़ाँ हिन्दुस्तान जैसे कई क़ौमों और ज़ुबानों वाले मुल्क़ को आप इस्लामी निज़ाम की हैसियत से मज़बूत नहीं रख सकते। अगर आप अपना तख़्तो–ताज सलामत रखना चाहते हैं, तो आपके रू–ब–रू सिर्फ़ एक सूरत है—ओहदेदारों की पहली क़तार में सभी क़ौमों और मज़हबों की नुमाइन्दगी और मुग़लिया मिज़ाज में रवादारी...

फ़रुख़सियर मीर जुमला तथा ख़्वाजा आसिम की ओर देखता है।

अब्दुल्ला ख़ाँ इसी नुक्ता–ए नज़र के तहत वह रवैया होगा, जिसे हिन्दुस्तानी क़ौमों से वाबस्ता बर्ताव में इख़्तियार किया जायेगा।

मीर जुमला **व्यंग्य से** और शाही हुक़्म की नाफ़र्मानी को आप कौन से नुक़्ता–ए नज़र के तहत देखेंगे?

ख़्वाजा आसिम आमेर के जयसिंह और मारवाड़ के अजीत सिंह को हाज़िर होने का हुक़्म दिया गया था। लेकिन वे सिर्फ़ मुबारकबाद भेजकर रह गये।

मीर जुमला क्या इसका सबब उनके दिल में छुपी बग़ावत नहीं?

ख़्वाजा आसिम क्या वजह है, जो अजीत सिंह ने थट्टा की सूबेदारी क़ुबूल नहीं की, जबकि जयसिंह बख़्शी मालवा रवाना होने को तैयार हैं?

मीर जुमला अजीत सिंह की ज़िद उसके स्याह इरादों का सुबूत है।

फ़र्रुख़सियर **क्रोध से** दिल में आता है कि ख़ुद मारवाड़ जाकर अजीत सिंह को सबक़ सिखाऊँ।

मीर जुमला मेरे होते हुए पीरोमुर्शिद को ज़हमत फ़र्माने की क्या ज़रूरत?

अब्दुल्ला ख़ाँ **स्थिर स्वर में** मारवाड़ मैं जाऊँगा।

फ़र्रुख़सियर, मीर जुमला एवं ख़्वाजा आसिम की दृष्टि मिलती है।

फ़र्रुख़सियर जब मीर जुमला जाने के वास्ते तैयार हैं, तो...

हुसैनअली मीर जुमला से पेश्तर तो यह फ़र्ज़ मेरा है—अमीरों के मुखिया अमीरुल्उमरा होने के नाते...

फ़र्रुख़सियर **हुसैनअली से** लेकिन अमनोअमान की ख़ातिर दिल्ली में आपकी मौजूदगी ज़रूरी है और फिर यह मुहिम इतनी बड़ी भी नहीं कि मीर बख़्शी बज़ाते खुद...

अब्दुल्ला ख़ाँ इसीलिए तो मैंने यह तजवीज़ की है।

ख़्वाजा आसिम मगर ज़िल्लेसुब्हानी की पेशकश भी मुनासिब है।

अब्दुल्ला ख़ाँ यह बेहद नाज़ुक मसला है जनाब! अकबरे—आज़म ने सालहासाल के हस्सास तर्ज़ेअमल से राजपूत क़ौम को सल्तनत का तेग़ थामने वाला दायाँ हाथ बनाया था। अगर हमने एहतियात से काम नहीं लिया, तो यही तेग़ हमारे ख़िलाफ़ उठ जायेगी।

मीर जुमला **व्यंग्य से** गोया कि आपको अन्देशा है कि मैं एहतियात से काम नहीं लूँगा?

अब्दुल्ला ख़ाँ **क्रोध से** हाँ हाँ, नहीं लोगे। तख़्ते शाही के साये में रेंगने वाले हक़ीर कीड़ो! तुम्हारे ख़यालात की परवाज़ क्या है? तुम्हारे वजूद की पूरी वुसअत तो सिर्फ़ मर्तबा और रुतबे की सीढ़ियों तक महदूद है...

मीर जुमला **अवज्ञा से** हँ...

अगला संवाद क्रोध के विस्फोट के साथ है और अन्तिम पंक्ति के साथ

अब्दुल्ला ख़ाँ यकायक झपटकर मीर जुमला की गर्दन पकड़ता है और उसे फ़र्श पर गिराकर सिंहासन के पायों से उसका सिर सटा देता है। मीर जुमला पर उसके झपटते ही फ़र्रुख़सियर स्तब्ध रह जाता है। ख़्वाजा आसिम का हाथ तलवार की मूठ पर जाता है और हुसैनअली अपनी तलवार निकालकर तत्परता से अब्दुल्ला ख़ाँ के निकट अपना स्थान सँभाल लेता है।

अब्दुल्ला ख़ाँ आदमी को उसके मंसब से नापने वाले बौनो! तुम मेरे ख़्वाब की बुलन्दी क्या नापोगे।...तुम्हारी निगाहों का आस्मान तो यहाँ है—तुम्हारी बुलन्दी का कहकशाँ...

ख़्वाजा आसिम **घबराया—सा, फ़र्रुख़सियर से** तख़्तेशाही की तौहीन हुई है पीरोमुर्शिद!

अब्दुल्ला ख़ाँ मीर जुमला को छोड़कर अचानक ऊपर देखता है।

अब्दुल्ला ख़ाँ **ऊपर देखता हुआ** अकबरे—आज़म! ...इसी फ़िज़ा से साँसें ली हैं तुमने! मैं तुम्हारे वजूद की हरारत महसूस कर रहा हूँ...तुम्हारे इर्द—गिर्द तुम्हारे ही जैसे रौशन ख़याल थे। मेरे साथ अन्धे हैं, बहरे...उनसे मुख़ातिब होना गोया दीवारों से सर टकराना है।...चलो हुसैन, हमें अपना तर्ज़े अमल ख़ुद ही तै करना होगा।

अब्दुल्ला ख़ाँ और हुसैनअली का तीव्रता से प्रस्थान। भाँड, नक़्क़ाल और बहुरूपिये का गाते हुए प्रवेश।

भाँड, नक़्क़ाल और बहुरूपिया *हाथों को नहिं सूझे हाथ*
लम्बा रास्ता है।
अन्धों और बहरों का साथ
लम्बा रास्ता है।
दूर कहीं चमके एक सपना
लम्बा रास्ता है।
आगे पीछे कोई न अपना
लम्बा रास्ता है।
पाँवों में पक आये छाले
लम्बा रास्ता है।
कोई मन की पीर सँभाले
लम्बा रास्ता है।
हाथों को नहिं सूझे हाथ
लम्बा रास्ता है।
लूलों और लँगड़ों का साथ
लम्बा रास्ता है।

अन्धकार।

दृश्य 10

दिल्ली की गलियाँ। आधी रात। अब्दुल्ला ख़ाँ एवं रतनचन्द का प्रवेश।

अब्दुल्ला ख़ाँ आधी रात की ख़ामोशी...कितना बदला हुआ लगता है शहर...

विराम।

रतनचन्द पर बड़े सैयद! अच्छी–ख़ासी नींद ख़राब करके इस तरह चक्कर लगाने का क्या मुद्दा है?...कल ही हम इतने लम्बे सफ़र पै निकलने वाले हैं। ऐसी अफ़रातफ़री में बजाय सुकून की नींद सोने के... **कुछ ठहरकर, गोपनीयता के ढंग से** सईदा बेगम का भी पैग़ाम आया था कि इतनी तवील जुदाई से पेश्तर एक रात...

अब्दुल्ला ख़ाँ **बीच में ही** हम कोशिश करेंगे कि अवाम और हुकूमत के दरम्यान सरकारी अमले की दीवार न हो।

विराम दोनों घूमते रहते हैं।

अब्दुल्ला ख़ाँ तुम्हें कैसी लग रही है दिल्ली?

रतनचन्द लग तो अच्छी ही रही है। सल्तनत के वज़ीर का नायब हूँ। बड़े–बड़े लोग मेरे आगे–पीछे घूमते हैं।

अब्दुल्ला ख़ाँ शुकराना तो काफ़ी मिलने लगा होगा तुम्हें?

रतनचन्द सब आपका ही है जनाब!

अब्दुल्ला ख़ाँ रैयत की भलाई हमेशा सामने रहे।

सहसा दो सिपाही आकर घेर लेते हैं।

पहला ठहरो।

दूसरा कौन हो? इतनी रात गये कहाँ से आ रहे हो?

अब्दुल्ला ख़ाँ बाइज़्ज़त शहरी हैं जनाब! दावत के बाद घर लौट रहे हैं। पैदल घूमने का ख़याल आया, चुनांचे पालकी ख़ाली भेज दी।

पहला अच्छा, जाइए।

अब्दुल्ला ख़ाँ पर यह पूछताछ किसलिए?

दूसरा बन्दा बैरागी के तमाम जासूस दिल्ली में घूम रहे हैं।

पहला **एक ओर देखते हुए सहसा** कौन है?...कौन है वहाँ?...

दोनों सिपाही भागते हैं। अब्दुल्ला ख़ाँ कुछ क्षण उस दिशा में देखता है। फिर आगे बढ़ता है। पीछे रतनचन्द।

अब्दुल्ला ख़ाँ बन्दा बैरागी की ताज़ा ख़बर क्या है?

रतनचन्द आज़ाद सिक्ख सूबे की ख़ातिर उन्होंने गुर्‌दासपुर के पूरबी क़िले में मोर्चा बनाया है। दिल्ली की समझ में नहीं आता कि मुट्‌ठी भर सिक्ख एक ज़माने से अपना सर कैसे उठाये हैं!

अब्दुल्ला ख़ाँ — **किंचित आवेश में** रतनचन्द! कल अलस्सुबह बन्दा बैरागी के पास मेरा ज़ाती ख़त भेजो। अभी लौटते ही तहरीर कर लेना।

रतनचन्द — फ़र्माइए।

अब्दुल्ला ख़ाँ — गुरु गोविन्द सिंह ने जाजौ की जंग में शाह आलत का साथ दिया था। नयी विज़ारत उसी पुरानी दोस्ती की तलबगार है, लेकिन बादशाहत की मज़बूती के लिए नहीं, बल्कि हिन्दुस्तान की बहबूदी के लिए। इस सिलसिले में आपसे मुलाक़ात दरकार है–जब और जहाँ आप कहें।

अचानक चार–पाँच पुरुष दोनों को घेर लेते हैं। हाथों में तलवार। चूड़ामन जाट तलवार की नोक अब्दुल्ला ख़ाँ के सीने से सटा देता है। रतनचन्द के साथ भी यही किया जाता है।

चूड़ामन — जो कुच्छे पास हो, चुप्पैचाप निकालौ।

अब्दुल्ला ख़ाँ — **मुस्कान के साथ** बहुत ख़ूब... दारूस्सल्तनत में क़ानून की यह हालत!

चूड़ामन — चूड़ामन जाट के संग जो हुकूमत छल–कपट करै सै तो नतीजा येई हो सै।

अब्दुल्ला ख़ाँ — **गले की ज़ंजीर आदि उतारकर देता हुआ** छल–कपट हुकूमत कर रही है कि आप? दिल्ली से अकबराबाद तक की शाहराह आपके सुपुर्द है। आप

वहाँ न सिर्फ़ क़ानूनी और ग़ैरक़ानूनी राहदारी वसूल करते हैं, बल्कि दिल्ली शहर के अन्दर तक घुस के लूटमार मचाते हैं।

चूड़ामन **हँसकर** थारी जानकारी तो अच्छी सै, तो नेक ये और बता दो कि म्हारी खोपड़ी पै जैसिंह को क्यों करके बिठाया जा रह्या सै? आमेर के सिपाही नाक की सीध में म्हारे थून की तरफ़ क्यों करके बढ़े चले आ रहे सैं?

अब्दुल्ला ख़ाँ **अँगूठियाँ उतारकर देते हुए, कुछ आश्चर्य से** अच्छा?

चूड़ामन हाँ। यही जवाब तलब करे ख़ात्तिर तो मैं ...**क्षणभर की असावधानी में अब्दुल्ला ख़ाँ उसके तलवार वाले हाथ पर घूँसा मारता है। तलवार छिटक जाती है। चूड़ामन के सँभलने से पहले अब्दुल्ला ख़ाँ तलवार उठा लेता है और नोक चूड़ामन के सीने पर लगा देता है। चूड़ामन के साथी अपनी तलवारें नीची कर लेते हैं।**

अब्दुल्ला ख़ाँ जवाब तलब करेंगे किससे? बादशाह से?

चूड़ामन नहीं, फ़र्रुख़सियर ढुलमुल सै।

अब्दुल्ला ख़ाँ इसीलिए सामूगढ़ की जंग में आपने जहाँदारशाह का साथ दिया था। लेकिन जब वह हारने लगा, तो आपने बिला तकल्लुफ़ उसी की फ़ौज को लूटा और फ़र्रुख़सियर की जो मग़रिबी

टुकड़ियाँ कमज़ोर पड़ीं, उन्हें लूटना तो लाज़िमी था ही।

चूड़ामन सोना म्हारी कमज़ोरी सै।

अब्दुल्ला ख़ाँ और अपनी जुबान पर क़ायम न रहना भी।

चूड़ामन **उत्तेजित हो** वज़ीर से येई पूच्छे ख़ात्तिर तो दिल्ली आया सूँ।

अब्दुल्ला ख़ाँ क्यों? वज़ीर ने क्या किया?

चूड़ामन हिन्दुअन को इत्ती छूटें दीं सैं, हिन्दू मुसलमानन में भाईचारा बढ़ावे सै। पर हिन्दुअन हिन्दुअन को आपस में लड़ावे क्यूँ?

अब्दुल्ला ख़ाँ वज़ीर ने ऐसा कुछ नहीं किया।

चूड़ामन जयसिंह को अब्दुल्ला की शह नहीं सै?

अब्दुल्ला ख़ाँ नहीं!

विराम।

अब्दुल्ला ख़ाँ क्योंकि मैंने शह नहीं दी।

चूड़ामन **चौंककर** मानै...

अब्दुल्ला ख़ाँ तलवार चूड़ामन को थमा देता है।

अब्दुल्ला ख़ाँ **गम्भीर स्वर में** चूड़ामन! शहंशाहे हिन्द तुम्हें बाग़ी समझता है। लेकिन वज़ीरे सल्तनत तुम्हारी तरफ़ दोस्ती का हाथ बढ़ाता है। तुम्हारे पीछे एक बहादुर क़ौम है और तुम्हें नये निज़ाम की तामीर में अहम हिस्सा लेना है!...मैं तुम्हें तुम्हारे इख़्तियारात वापस देता हूँ। राहदारी का तुम्हारा दायरा वसीह करता हूँ–दिल्ली से अकबराबाद और वहाँ से चम्बल तक...

चूड़ामन	**अब्दुल्ला ख़ाँ का हाथ थामते हुए, भरे स्वर में** बड़े सैयद...सोन्ना म्हारी कमज़ोरी सै, तो दोस्ती भी म्हारी कमज़ोरी सै।
	चूड़ामन के संकेत पर उसका एक सहायक रतनचन्द को चीज़ें वापस करने लगता है।
अब्दुल्ला ख़ाँ	कई जातियों, धर्मों और भाषाओं वाले देश में पहली ज़रूरत है–अपनी जड़ों और अपने हवा–पानी में विश्वास।...
	अन्धकार, जिसके दौरान संवाद चलता रहता है। जब अगले दृश्य के लिए प्रकाश होता है, तो अब्दुल्ला ख़ाँ बिना प्रवाह के टूटे अजीत सिंह एवं जयसिंह के सामने संवाद बोल रहा होता है।

दृश्य ग्यारह

जोधपुर। राजमहल का एक कक्ष।

अब्दुल्ला ख़ाँ यही विश्वास है, जो हमें एक–दूसरे के साथ जोड़ता है, पास–पास लाता है, एक बनाता है। एक होने की यही भावना है, जो भले–बुरे में एक साथ हमारे हाथ मिलाती है। हर हाथ बराबर है–न कोई ऊँचा है, न कोई नीचा।

जयसिंह पंचोली के हाथों आपका सन्देश मिला था। उसने दिल्ली दरबार का हाल–चाल भी बताया था।

अजीत सिंह फ़र्रुख़सियर जब सिंहासन पर बैठे, तो आना तो हम भी चाहते थे। लेकिन... **अर्थपूर्ण ढंग से वाक्य अधूरा छोड़ देता है।**

जयसिंह सबने यही सलाह दी कि इस समय दिल्ली की सीमाओं से दूर ही रहो।

शंख तथा घड़ियाल की ध्वनि। अब्दुल्ला ख़ाँ नमन करता है। अजीत सिंह तथा जयसिंह की निगाहें मिलती हैं।

अजीत सिंह **अंगरखे में से शाही फ़र्मान निकालता है।** जिस दिन आप दिल्ली

से चले, उसी दिन यह पत्र भेजा गया।

अब्दुल्ला ख़ाँ पत्र लेता है।

अब्दुल्ला ख़ाँ **पढ़ता है।** अब्दुल्ला ख़ाँ के सर की क़ीमत सूबाये गुजरात है...दस्तख़तो मुहर फ़र्रुख़सियर...

क्षणिक विराम।

अब्दुल्ला ख़ाँ **पत्र वापस करते हुए, हलकी मुस्कान से** तो आपको क्या आपत्ति है?...मेरे मुट्ठी भर सिपाही यहाँ से कोसों दूर ...आपकी दुर्गम पहाड़ियों और आपके पराक्रमी सैनिकों से घिरे...

अजीत सिंह अगर यहाँ पराक्रम होता, तो मुट्ठी भर मुग़ल देश में आते और वृक्षों की तरह जम जाते? और इसी धरती पर जन्म लेने वाले हम अपने जन्म का कर देते? अपनी हवा और अपने पानी का हिसाब भरते?

अब्दुल्ला ख़ाँ **स्थिर स्वर में** मुग़ल देश में आये और वृक्षों की तरह जम गये। मिट्टी ने जड़ों को पकड़ा है, तो उसका मूल्य देना होगा। अकबर ने दिया था। पर राजपूतों को भी समझना है कि उनका और मुग़लों का भाग्य एक साथ जुड़ा है, क्योंकि यहाँ...व्यापार कुछ भी नहीं। सिर्फ़ ज़मीन और वह भी उपजाऊ नहीं और बस, एक पेशा—युद्ध...मुग़ल साम्राज्य का पतन राजपूताना का पतन होगा और इस राजनीतिक शून्य को भरने के लिए बेचैन होंगे दक्खिन के मराठे...

अन्तिम वाक्य के साथ चेतावनी के ढंग से अजीत सिंह को देखता है। अजीत सिंह एवं जयसिंह की दृष्टि मिलती है।

अजीत सिंह लेकिन.....

अर्थ भरे ढंग से वाक्य अधूरा छोड़ देता है। विराम।

अब्दुल्ला ख़ाँ आप दोनों को सात–सात हज़ार के मंसब और **जयसिंह से** आपको मालवा और महाराजा अजीत सिंह को थट्टा की सूबेदारी...

अजीत सिंह थट्टा की सूबेदारी हमारे गौरव के अनुकूल नहीं।

जयसिंह महाराजा को गुजरात क्यों नहीं?

अब्दुल्ला ख़ाँ शाह आलम के समय से ही इस डर की परम्परा चली आ रही है कि पास–पास लगे हुए यह दो महत्त्वपूर्ण सूबे अगर दो मित्रों के हाथ में हुए तो साम्राज्य के लिए यह ख़तरा हो सकता है। यह स्थिति और भी विकट इसलिए हो गयी है, क्योंकि आप दोनों...हिन्दू हैं।

जयसिंह **आवेश में** मतलब यह हुआ कि सम्राट को हमारी वफ़ादारी पर सन्देह है?

अब्दुल्ला ख़ाँ दिल्ली को राजा जयसिंह पर तो विश्वास है...

अजीत सिंह पर अजीत सिंह पर नहीं।...तो ऐसा विश्वास पैदा करने के लिए मैं क्या कर सकता हूँ।

अब्दुल्ला ख़ाँ कुछ ऐसा, जो फ़र्रुख़सियर और आपकी भलाई को एक कर दे।

विराम।

अब्दुल्ला ख़ाँ राजकुमारी इन्द्रकुँवर का डोला फ़र्रुख़सियर के लिए दे दीजिए।

विराम।

अजीत सिंह मैं पाँच लाख की पेशकश करता हूँ।

मौन।

अजीत सिंह कुँवर अभय सिंह को दिल्ली दरबार में बन्धक रख लीजिए।

अब्दुल्ला ख़ाँ **नरमी से** यह दबाव बाहरी होगा महाराजा! **अजीत सिंह कुछ क्षण सोचता रहता है।**

अब्दुल्ला ख़ाँ आप सौ कोस थूट की ओर बढ़िए और एक सौ एक कोस पूरे होने से पहले आपको गुजरात की सूबेदारी का फ़रमान मिल जायेगा।

विराम।

अब्दुल्ला ख़ाँ मारवाड़ को स्वतन्त्र माना जायेगा और राजपूतों के अगुआ की हैसियत से दिल्ली दरबार के हर महत्त्वपूर्ण निर्णय पर आपकी सम्मति ली जायेगी।

जयसिंह **व्यंग्य से** मान लीजिए महाराजा! पूरे भारत के शासन में आपका हाथ होगा।

हाथ में पूजा की थाली लिए इन्द्रकुँवर का प्रवेश। पीछे–पीछे अभय सिंह।

इन्द्रकुँवर **अजीत सिंह से** बाबा! यहाँ हो तुम!... चौमुण्डा माता का प्रसाद देने मैंने तुम्हें

बारादरी में ढूँढ़ा, रंगमहल में खोजा, चित्रशाला में देखा...

अब्दुल्ला ख़ाँ को देखकर ठिठक जाती है।

अजीत सिंह बेटी इन्द्रकुँवर! दिल्ली से बड़े सैयद आये हैं। **इन्द्रकुँवर अब्दुल्ला ख़ाँ को प्रसाद देती है। वह माथे से लगाता है। फिर जयसिंह को प्रसाद देती है। अभय सिंह ध्यान से अब्दुल्ला ख़ाँ को देख रहा है।**

अभय सिंह **अब्दुल्ला ख़ाँ से** कितने सौभाग्यशाली हैं आप, जो दिल्ली में रहते हैं।...लाल क़िले का ठाठ–बाट...दीवाने ख़ास में आये दिन नाच–गाना...सिउली में शेरों का शिकार...नित नये मेले, नित नये त्योहार...

अजीत सिंह **रुखाई से** दिल्ली में बस, रागरंग ही नहीं होता। कट्टर अनुशासन वाले सैनिक जीवन की शिक्षा भी दी जाती है।

अभय सिंह **अवज्ञा से** हँ, मारवाड़ से तो सरल ही होगी।

जयसिंह कुँवर! तुम जाना चाहते हो दिल्ली?

अभय सिंह क्यों हँसी करते हैं काका।...मेरे भाग्य में यहाँ के झाड़–झंखाड़ के सिवा कुछ और लिखा है क्या!

अब्दुल्ला ख़ाँ नहीं कुँवर! तुम मेरे साथ दिल्ली चलोगे...और राजकुमारी भी!

अभय सिंह **आश्चर्य से** बहन भी...क्यों?

अजीत सिंह की ओर देखता है। वह चुप रहता है।

जयसिंह **अनात्मीय स्वर में** बहन का ब्याह होगा। **इन्द्रकुँवर चौंक कर जयसिंह को देखती है।**

अभय सिंह ब्याह?...किससे?

अब्दुल्ला ख़ाँ भारत के सम्राट से।

अभय सिंह **प्रसन्नता से** सच?...**इन्द्रकुँवर को देखता है।** पूरे देश की सम्राज्ञी!... **झुक कर अभिवादन करता है।** घणी खम्मा...

इन्द्रकुँवर सिसकी लेते हुए अब्दुल्ला ख़ाँ को देखती है। इस मंच–क्षेत्र में अन्धकार के साथ दूसरे मंच–क्षेत्र में प्रकाश होता है, जहाँ भाँड, नक़्क़ाल और बहुरूपिया छोटी–सी डोली लिए गाते हुए आते हैं।

भाँड, नक़्क़ाल और बहुरूपिया
अल्हड़ दुल्हनियाँ की आयी डोली
आयी डोली,
लाज भरे माथे पर उमंगों की रोली
आयी डोली...
देस–दिसावर की फाँकी है धूल
तब खोजा बाबुल ने ऐसा फूल
दक्खिन तक नेह की डोरी बाँधी
गोट लगे घूँघट में आय न आँधी
लाल क़िले में अगवानी करेंगे बलमा
जहाँ आके इन्द्रकुँवर बन गयी सलमा
किरनों का मण्डप, आस की रंगोली
आयी डोली...

अन्धकार।

दृश्य बारह

लाल क़िले का एक कक्ष। मीर जुमला की पंक्ति–'आपकी रंगीन तबियत का क्या कहना!'–के साथ प्रकाश।

फ़र्रुख़सियर इन्द्रकुँवर को हरमसरा कैसा लगा?

मीर जुमला यह तो आप पूछिएगा पीरो मुर्शिद!

फ़र्रुख़सियर कुँवर अजय सिंह ख़ुश हैं?

मीर जुमला बेहद! ...एक ही नज़र में दिल्ली को दिल दे बैठे!

फ़र्रुख़सियर इन्द्रकुँवर मुत्मइन हैं अपने नये नाम से?

मीर जुमला आहिस्ता–आहिस्ता हो जायेंगी।

फ़र्रुख़सियर दकन से वज़ीरे आज़म की क्या ख़बर है?

ख़्वाजा आसिम आजकल शाहूजी और बालाजी विश्वनाथ के साथ गुल खिलाये जा रहे हैं।

मीर जुमला उन्होंने दिल्ली में क़ैद मरहठा रानी राजसबाई के साथ पंढरपुर और त्रयम्बक भी शाहू को सौंप दिये हैं।

ख़्वाजा आसिम कर्नाटक पर मरहठों की जीत मान ली है और दकन में चौथ के साथ सरदेशमुखी मंजूर कर ली है।

मीर जुमला सुना है, चूड़ामन जाट तो हर माह मुलाक़ात के लिए पोशीदा तौर पर दिल्ली हाज़िर होता है।

ख़्वाजा आसिम हिन्दुओं के साथ मिल–जुल कर कुछ ख़तरनाक क़िस्म की खिचड़ी पकायी जा रही है। आलमपनाह!

मीर जुमला चौकड़ी का चौथा हिस्सा था बन्दा बैरागी, सो बरसों की जद्दोजेहद के बाद उसका हिसाब तो आपने चुका दिया।

फ़र्रुख़सियर अब किसका हिसाब चुकाना बाक़ी है? **अब्दुल्ला ख़ाँ का प्रवेश। तीनों उसे देखते ही आशंकित हो जाते हैं।**

फ़र्रुख़सियर **उत्साह के अभिनय से** खुशाम्दीद ...**अटककर** इतना गुर्दोगुबार...**दोनों की ओर देखता है।** यकायक ही... **फीकी हँसी से** हाँ तो, कैसा मौसम था राजपूताना और दकन का?

अब्दुल्ला ख़ाँ मौसम बेहद ख़राब था जहाँपनाह!... कड़ी धूप, उल्टी हवाएँ, टेढ़े रास्ते...वह महज़ हमारा जुनून था, जो मंज़िल तक पहुँचाता रहा।

मीर जुमला जुनून भी बड़ी दिलचस्प शै है।

ख़्वाजा आसिम मंज़िल तक पहुँचा ही देती है।

अब्दुल्ला ख़ाँ **स्थिर दृष्टि से तीनों को देखते हुए** बेशक...वह जुनून ही था, जिसने बन्दा बैरागी को उसकी मंज़िले मक़सूद तक पहुँचाया। **फ़र्रुख़सियर सिटपिटा जाता है। मीर जुमला एवं ख़्वाजा आसिम नीचे देखने लगते हैं।**

अब्दुल्ला ख़ाँ जाने से पेश्तर मैंने अर्ज़ किया था कि मेरी ग़ैरहाज़िरी में सियासती मज़हब से तअल्लुक़ रखने वाला कोई भी अहम फ़ैसला नहीं किया जायेगा।

फ़र्रुख़सियर **आश्चर्य से** यह कौन–सा अहम फ़ैसला था?

अब्दुल्ला ख़ाँ लाखों सिक्खों के मज़हबी रहनुमा का क़त्ल मामूली कारगुज़ारी है?

फ़र्रुख़सियर सिक्खों ने मुसलमानों पर बहुत जुल्म ढाये हैं।

मीर जुमला तमाम अमीरों की भी यही राय थी।

अब्दुल्ला ख़ाँ हुकूमत के फ़ैसले मेरी और आपकी ज़िम्मेदारी हैं, यह देखना हमारा काम है कि सियासत में मज़हब की क्या जगह है।

फ़र्रुख़सियर सल्तनते मुग़लिया में दोनों में कभी फ़र्क़ नहीं किया गया। बाबर से लेकर अकबर और फिर औरंगज़ेब...

अब्दुल्ला ख़ाँ **बात काटकर** पिछले शहंशाह अज़ीम थे, उनका जाहो जलाल इतना बुलन्द था कि अपने मज़हब को हुकूमत से जोड़ते हुए भी मुल्क़ की अक्सरियत को अपने साथ लिये रहे...लेकिन दौरे मौजूदा के हम बौने, कम–ज़र्फ़...

क्षणिक विराम।

अब्दुल्ला ख़ाँ **तीनों को एकटक देखता है।** और इन्द्रकुँवर को कलमा पढ़वाने की राय किसकी थी?

मीर जुमला ऐसा तो दस्तूर ही है।

अब्दुल्ला ख़ाँ **आक्रोश से** जोधाबाई ने इस्लाम कुबूल किया था?

मीर जुमला नीचे देखने लगता है।

ख़्वाजा आसिम अजीत सिंह जब शादी के वास्ते राज़ी हो गये थे, तो फिर मज़हब की तब्दीली उनके लिए क्या मानी रखती है?

अब्दुल्ला ख़ाँ यह मेरे लिए मानी रखती है, ख़्वाजा आसिम, जिसके वह मासूम लड़की सुपुर्द की गयी थी।...मैं अजीत सिंह के सामने जवाबदेह हूँ। मैं उस कमसिन लड़की के सामने कुसूरवार हूँ।

फ़र्रुख़सियर जिस मज़हब की हुकूमत होती है, वह उसकी अफ़्ज़ायश की कोशिश करता ही है।

अब्दुल्ला ख़ाँ मैंने विज़ारत हुकूमत को पुख़्ता बनाने के लिए सँभाली है—इस्लाम की अफ़्ज़ायश के लिए नहीं।

फ़र्रुख़सियर इस्लाम की अफ़्ज़ायश हुकूमत की पुख़्तगी का बाइस होगी।

अब्दुल्ला ख़ाँ इसके बिल्कुल बरअक्स हुकूमत की पुख़्तगी का बाइस होगी मज़हबी रवादारी।

फ़र्रुख़सियर कुरानो हदीस के मुताबिक़ हमारा यह फ़र्ज़ है कि अल्लाह के कलाम को जहाँ तक मुमकिन हो, वुसअत दें।

अब्दुल्ला ख़ाँ यह मज़हब का फ़र्ज़ है, सियासत का नहीं।

फ़र्रुख़सियर आप मज़हब और सियासत में फ़र्क़ करते हैं?

अब्दुल्ला ख़ाँ मौजूदा निज़ाम इस फ़र्क़ को क़ायम रखने के वास्ते कमर कसे है।

फ़र्रुख़सियर आप कहना चाहते हैं कि आप कलामे पाक के पाबन्द नहीं?

अब्दुल्ला ख़ाँ **ऊँचे स्वर में** सबसे पेश्तर हम अपने ज़मीर के पाबन्द हैं, अपने अक़ीदे के।

विराम। तीनों को तौलती दृष्टि से देखता है।

अब्दुल्ला ख़ाँ दोस्तो, जब तुम क़िलाएमुअल्ला में मसनद से टिके जाम की चुस्कियाँ ले रहे थे, तब मैं झुलसती धूप में आधे हिन्दुस्तान की धूल फाँक रहा था। मैंने विज़ारत ऐशोइशरत के लिए नहीं सँभाली है, गो कि मैं ऐयाशी भी तुमसे ज़्यादा कर सकता हूँ।...मैंने अपना ख़ून पिला–पिलाकर एक ख़्वाब पाला है... और यह बिल्कुल नुमाया है अब...कि तुम्हारा ख़ून पिये बिना वह पूरा नहीं होगा...

पूर्ववर्ती संवाद के दौरान बादशाह बेगम का प्रवेश। संवाद की समाप्ति के साथ अब्दुल्ला और बादशाह बेगम की दृष्टि मिलती है। क्रोधित अब्दुल्ला का प्रस्थान। बादशाह बेगम उसकी दिशा में देख रही है।

बादशाह बेगम इन सैयदों का ख़ून पीने की तजवीज़ हम ही क्यों न करें?

अन्धकार।

दृश्य 13

हुसैनअली के भवन का एक कक्ष। हुसैनअली पत्र पढ़ रहा है। बानो का प्रवेश।

बानो मेरे ज़ेवरात आ गये क्या?

हुसैनअली हैदरबेग का पैग़ाम आया है। लिखा है कि ईद पर गले मिलने नहीं आयेंगे?

बानो क्यों नहीं! शेर के सामने कूदकर जान बचायी है, उसने आपकी।

हुसैनअली **मुस्कराते हुए** चश्मे बद्दूर...बहुत खिल रहा है जोड़ा।

बानो **यहाँ–वहाँ सिलवटें निकालते हुए** सिला भी उम्दा है।

हुसैनअली आज मजलिस में तुम्हीं तुम होगी।

आलम अली तथा दिलावर ख़ाँ का प्रवेश। अभिवादन करते हैं।

हुसैनअली **बानो से** लो, आ गये ज़ेवरात भी!

बानो आलम अली से डिब्बे लेती है। खोलती है।

बानो **देखते हुए** मोर भँवर...बाजूबन्द ...गजरा...**पहनने लगती है।** हैं तो बहुत नफ़ीस...लेकिन सीने का जो काम तीनों बाजियों की कल पहनी हुई बिन्दूली और पीपलपट्टी में था...

अल्लाह की क़सम, बिल्कुल लाजवाब है!...वैसी कारीगरी दिल्ली में नहीं होती क्या?

विराम।

बानो क्यों आलम?

आलम अली वे ज़ेवरात राजपूताना से लाये गये हैं।

बानो रेशमी लिबास और सोने के काम वाली सलीमशाही जूतियाँ?

दिलावर ख़ाँ वे दकन से आयी हैं।

आलम अली **कुछ ठहरकर** सुना है, एक सौ ऊँटों और घोड़ों पर लदकर माल आया है?

दिलावर ख़ाँ और वह भी तब, जब कि ग़रीब रतनचन्द से अभी तक यह तख़्मीना ही नहीं लग पाया कि जुल्फ़िक़ार की हवेली से कितना मालोज़र बरामद हुआ है।

हुसैनअली **दुर्बल स्वर में** सब अफ़वाह है।

बानो **आश्चर्य से** आलम और दिलावर कह रहे हैं और फिर भी अफ़वाह है?

विराम।

बानो एक तजवीज़ है मेरी...आलम और दिलावर तो फ़ौजी आदमी हैं—आपके दो हाथ। ऐसा कीजे कि बुरहानपुर से अपने ख़ास वफ़ादार नूरेइलाही को तलब कर रतनचन्द का नायब बना दीजे, ताकि दफ़्तरे विज़ारत पर हमारी भी नज़र रहे।

आलम अली ख़याल बहुत दुरुस्त है।

हुसैनअली विचारमग्न है।

बानो आज सुबह ही नईमा बता रही थी कि फ़रुर्ख़सियर के लोगों से जो मंसब छीने गये हैं, वह बड़े सैयद ने अपने फ़र्माबरदारों में तक़सीम कर दिये हैं।

विराम।

हुसैनअली **आलम अली से** ऐसी भी अफ़वाह है क्या?

बानो सुबूत तो आपके सामने मौजूद है। क्या आलम या दिलावर का मंसब ऊँचा हुआ है?

हुसैनअली एक नज़र आलम अली एवं दिलावर ख़ाँ की ओर देख रहा है।

हुसैनअली कोई नुक़्ता होगा भाईजान के दिमाग़ में।

बानो **करुणा से** अपनी ख़ुद की ताक़त में इज़ाफ़ा करने के अलावा और कौन–सा नुक़्ता हो सकता है मेरे सरताज?...आप में अभी सूबे की मासूमियत नुमायाँ है, दारुस्सल्तनत की चालाकी इख़्तियार कीजे क्यों दिलावर भाई?

दिलावर ख़ाँ दिल्ली की सियासत शमशीर की धार पर चलने के बराबर है।

आलम अली हम तो अपने आक़ा के साये हैं। उन्हीं की जुम्बिश पर हरकत करेंगे। लेकिन कहीं ऐसा न हो कि धोखा खा जायें।

अन्धकार।

दृश्य चौदह

अब्दुल्ला ख़ाँ का कार्यालय।

रतनचन्द **कुछ काग़ज़ सामने रखते हुए** ज़रूरी काग़ज़ात हैं। दस्तख़्त हो जायें, तो...

अब्दुल्ला ख़ाँ तुमने ग़ौर से देख लिए हैं?

रतनचन्द हाँ जनाब!

अब्दुल्ला ख़ाँ हस्ताक्षर करता है।

अब्दुल्ला ख़ाँ मुझे क़िलाएमुअल्ला जाना है रतनचन्द! दकन से एक ज़रूरी पैग़ाम आया है।

बाहर निकलता है। कई लोग उसे घेर लेते हैं।

पुरुष–एक वज़ीरुल्मुल्क! मेरी एक दरख़्वास्त है।

पुरुष–दो नौकरी की सनद नहीं मिली जनाब!

पुरुष–तीन ज़मीन का पट्टा बढ़ा दिया जाये मोहतरिम!

लोग एक साथ बोलने लगते हैं। अब्दुल्ला हाथ ऊपर उठाकर उन्हें शान्त करता है।

अब्दुल्ला ख़ाँ मेरे नायब राजा रतनचन्द यहाँ मौजूद हैं।

रतनचन्द बहुत स्निग्ध मुस्कान देता है।

अब्दुल्ला ख़ाँ आपका हर काम ये मुस्तैदी से करेंगे... आप इत्मीनान रखिए।

अब्दुल्ला ख़ाँ का प्रस्थान। विराम। भीड़ में कोलाहल होने लगता है।

रतनचन्द **चीखते हुए** ख़ामोश!

तत्क्षण मौन।

रतनचन्द **डपटकर** यह वज़ीरुल्मुल्क़ का दफ़्तर है सालो! सब्ज़ी बाज़ार नहीं। किसी ने ज़्यादा चूँ–चपड़ की, तो चूतड़ों पर दस–दस डंडे लगाऊँगा।

पुरुष–एक आपको शराफ़त से पेश आना चाहिए। हम बाइज़्ज़त शहरी हैं।

पुरुष–दो आप सरकारी मुलाज़िम हैं। आपका काम है अवाम की खिदमत करना, उनकी बेइज़्ज़ती नहीं।

रतनचन्द **डाँटकर** अबे चुप बहन के ख़समो।... सालो, मुझे आँखें दिखाने की जुर्रत? अभी मुश्कें बँधवाकर हवालात की हवा खिलवा दूँगा! **पुकार कर** रामधन!

रामधन तुरन्त निकट आता है। हाथ में नेजा।

रामधन हुज़ूर!

रतनचन्द **भीड़ की ओर संकेत करते हुए** इन सालों की सीधी क़तार बनाओ और बारी–बारी से अन्दर भेजो और जो उल्लू का पट्ठा ज़्यादा तेहा दिखाये न, उसे फ़ौरन उसकी माँ की...

अकड़कर अब्दुल्ला ख़ाँ की जगह बैठता है। रामधन 'चलो भई', 'यहाँ इस तरफ़', 'शोर नहीं' आदि बोलते हुए पंक्ति बनाने लगता है। कुछ

क्षणों बाद रामधन के संकेत पर एक युवक रतनचन्द के पास आता है।

युवक नौकरी की सनद चाहिए जनाब! आज छह महीने हो गये मेरे चुनाव को। दो साल की बेकारी के बाद तो...

रतनचन्द **डपटकर, बीच में** अबे रामकहानी मत सुना अपनी! ...नाम?

युवक यूसुफ़ खाँ...फ़ारसी में ऊँची तालीम हासिल की है। खारी बावली के मदरसे में मौलवी की जगह मेरा....

रतनचन्द **बही खोलते हुए टोकता है।** अबे बस बस...पता नहीं इस मुल्क के लोगों को तमीज़ कब आयेगी! मुख्तसर बात करना तो गधे के बच्चे जानते ही नहीं।...**एक पृष्ठ पर पढ़ते हुए** यह रहे यूसुफ़ ख़ाँ उल्लू के पट्ठे... **साथ दबा–मुड़ा काग़ज़ खोलकर देखता है।** और यह रहा नौकरी का हुक्मनामा!

युवक **हाथ आगे बढ़ाते हुए, गद्गद भाव से** बहुत–बहुत शुक्रिया जनाब!

रतनचन्द अबे शुकराना तो निकाल पहले!...एक सौ सिक्के...

युवक **आश्चर्य से** क्या फ़रमा रहे हैं जनाब! बेरोज़गार आदमी भला एक सौ...

रतनचन्द **टोक कर** देख चिड़ी के गुलाम। यह हुक़्मनामा यहाँ छह महीने से दबा था। अगर दस लम्हों के अन्दर तूने एक

सौ सिक्के पेश नहीं किये, तो यह कम–अज़–कम एक साल के वास्ते दफ़न हो जायेगा।

युवक हताश तत्परता से जेब से बटुआ निकालता है।

युवक **दयनीय स्वर में** बाज़ार से कुछ चीज़ें लाने के लिए वालिद ने सुबह ही पचीस दिये हैं।

रतनचन्द बटुआ झपटकर काग़ज़ बढ़ाता है।

रतनचन्द पहली तनख़्वाह मिलते ही बक़ाया का भुगतान कर जाना, वर्ना छह महीने बाद जब पक्की सनद लेने आओगे न, तो...

युवक काग़ज़ लेकर धीरे–धीरे बाहर निकलता है।

रतनचन्द **पुकार कर** रामधन! भेजो दूसरे हरामी की औलाद को...

नूरेइलाही का प्रवेश। पीछे आलम अली एवं दिलावर ख़ाँ।

नूरेइलाही **अभिवादन करते हुए** ख़ाकसार को नूरेइलाही कहते हैं। मुझे मीर बख़्शी जनाब हुसैनअली ने अपना नायब मुक़र्रर किया है।

रतनचन्द **चौंक कर** क्या?

उसकी निगाह आलम और दिलावर से मिलती है। नूरेइलाही परवाना निकालकर देता है। रतनचन्द देखता है। आलम और दिलावर

का प्रस्थान। रामधन के संकेत पर प्रार्थी चले जाते हैं। नूरेइलाही रतनचन्द की जगह बैठता है। बटुये के सिक्के देखता है, फिर कुछ काग़ज़। रतनचन्द रामधन को संकेत करता है। रामधन हाथ का नेजा तौलता है और एक सधे हुए वार में कार्यलीन नूरेइलाही के सीने में घोंप देता है। चीख़ के साथ गिरते हुए नूरेइलाही की मृत्यु।

रतनचन्द **हँसता है।** नूरेइलाही! ...**गम्भीर हो जाता है।** लाश जमुना में फेंक दो।

अन्धकार।

दृश्य पन्द्रह

लाल क़िले का एक कक्ष। फ़र्रुख़सियर टहल रहा है। विराम। गोली, राजस्थानी बाँदी का प्रवेश। आकाश की ओर देखती है।

गोली **पुकारकर** कुँवरानी जी! चाँद निकल आया है।

इन्द्रकुँवर का प्रवेश। चन्द्रमा को प्रणाम करती है। फ़र्रुख़सियर धीरे–धीरे निकट आता है। गोली का प्रस्थान। इन्द्रकुँवर की प्रार्थना समाप्त होती है। फ़र्रुख़सियर को देखती है। विराम।

फ़र्रुख़सियर **हल्की मुस्कान से** अच्छी तो हैं आप?

इन्द्रकुँवर **सिर झुकाये, धीमे स्वर में** जी।

विराम।

फ़र्रुख़सियर यह चाँद की इबादत क्योंकर?

इन्द्रकुँवर हमारे यहाँ की प्रथा है।

फ़र्रुख़सियर अभी भी?

इन्द्रकुँवर मौन रहती हैं। फ़र्रुख़सियर उसके कन्धे पर हाथ रखने को होता है। इन्द्रकुँवर हल्के से एक ओर हट जाती है। विराम।

फ़र्रुख़सियर अपना ख़याल रखिएगा।

इन्द्रकुँवर का धीरे–धीरे प्रस्थान। फ़र्रुख़सियर उसकी दिशा में देखता रहता है। मीर जुमला, ख़्वाजा आसिम तथा बादशाह बेगम का प्रवेश।

मीर जुमला ग़ज़ब की ख़बर है पीरोमुर्शिद!

ख़्वाजा आसिम अभी कुछ देर पहले नूरेइलाही का क़त्ल हो गया और क़ातिल का कोई पता नहीं!

फ़र्रुख़सियर **आश्चर्ययुक्त आशंका से** कैसे? क्यों?

बादशाह बेगम शायद दफ़्तरे विज़ारत नहीं चाहता कि वहाँ आने वाली रिश्वत में हुसैनअली का हिस्सा हो।

ख़्वाजा आसिम कोतवाल अपना आदमी है। यह जानने के लिए हाज़िर हुआ है कि मामले को क्या सूरत दी जाये।

बादशाह बेगम लाश को रतनचन्द की हवेली के पीछे से बरामद कर लिया जाये।

मीर जुमला जश्ने नौरोज़ पर कोतवाल की तरक़्क़ी की जाये।

बादशाह बेगम **फ़र्रुख़सियर की ओर तहरीर बढ़ाते हुए** और बड़े सैयद के नाम यह तहरीर भेज दी जाये। **फ़र्रुख़सियर तहरीर ले लेता है।**

फ़र्रुख़सियर **पढ़ते हुए** वज़ीर जनाब अब्दुल्ला ख़ाँ जिस मुस्तैदी से अपना फ़र्ज़ अंजाम दे रहे हैं, वह हुकूमत के वास्ते बाइसे फ़ख़्र है। चुनांचे...

बादशाह बेगम **बीच में** जश्ने नौरोज़ के मौक़े पर...

फ़र्रुख़सियर ...दीवाने ख़ास के इस जलसे में हुकूमत आपको कुत्बुल्मुल्क़ का ख़िताब अता करती है।

पूर्ववर्ती पंक्तियों के बीच पादशाह बेगम का निःशब्द प्रवेश। चारों उसे लक्ष्य नहीं करते। तहरीर सुनने पर मीर जुमला एवं ख़्वाजा आसिम उलझन में पड़ जाते हैं।

बादशाह बेगम जलसे में सौग़ात देने के बाद उन्हें ख़िलअत पहनायी जायेगी, जो...ज़हर में बुझी है। पहनने के कुछ घण्टे बाद ही गल–गल कर...

फ़र्रुख़सियर ख़ुशी से बादशाह बेगम का माथा चूम लेता है।

मीर जुमला बहुत उमदा तजवीज़ है साहबज़ादी बेगम!

ख़्वाजा आसिम अब्दुल्ला के बग़ैर हुसैनअली पर एकदम क़ाबू पाया जा सकता है।

अज़ीउद्दीन तथा हुमायूँ बख़्त का आतुरता से 'भाईजान!...भाईजान!' पुकारते हुए प्रवेश। उन्हें देखते ही फ़र्रुख़सियर प्रसन्न हो उठता है।

फ़र्रुख़सियर **मुस्कान के साथ** अरे, तुम दोनों सलीमगढ़ से कैसे छूटे?

पादशाह बेगम सामने आती है।

पादशाह बेगम बड़े सैयद ने रिहाई की मंजूरी दे दी।

फ़र्रुख़सियर आशंकित हो जाता है। बादशाह बेगम को देखता है।

अज़ीउद्दीन **उमंग से** आइए भाईजान, बचपन की तरह आँखमिचौली खेलेंगे।

फ़र्रुख़सियर हाथ के संकेत से मना करता है।

अज़ीउद्दीन हुमायूँ बख़्त, मैं छत पर जाकर पतंग उड़ाता हूँ।

हुमायूँ बख़्त मैं खेलता हूँ चौसर...**दो क़दम चल कर ठिठकता है।** नहीं...आँखमिचौली ही खेलेंगे।

अज़ीउद्दीन अच्छा, हमीं खेल शुरू करते हैं। फिर भाईजान को भी पकड़ेंगे। लेकिन पहले पट्टी तुम्हें बाँधनी होगी?

हुमायूँ बख़्त मुझे?...चलो, कोई बात नहीं। पर खेलेंगे कहाँ?

अज़ीउद्दीन बारादरी में...

दोनों का प्रस्थान।

बादशाह बेगम **पादशाह बेगम से** तो अज़ीउद्दीन और हुमायूँ बख़्त के घोड़े दौड़ा कर आपने बादशाह को शह दे ही दी।

पादशाह बेगम तुम एक घर चल कर बचा लो।

बादशाह बेगम आपका वज़ीर कैसा चलेगा? सीधा या टेढ़ा?

पादशाह बेगम वह कैसे भी चले, मात तो बादशाह की होगी ही!

प्रस्थान।

बादशाह बेगम देखें, मात किसकी होती है!

फ़र्रुख़सियर, मीर जुमला और ख़्वाजा आसिम से कुछ कहती है। फ़र्रुख़सियर आशंकित हो एक क़दम पीछे हट जाता है।

बादशाह बेगम **दृढ़ स्वर में** इसके अलावा और कोई रास्ता नहीं।

जाती है। उसके पीछे मीर जुमला और ख़्वाजा आसिम। फ़र्रुख़सियर के मंच पर अकेले होते ही 'छिप जाओ', 'भागो', 'मैं यहाँ हूँ' के स्वर सुनाई देने लगते हैं। हुमायूँ बख़्त का आँखों पर पट्टी बाँधे और अज़ीउद्दीन का उससे बचते हुए प्रवेश।

हुमायूँ बख़्त **बाँहें फैलाये, टटोलता हुआ** भाईजान, कहाँ हैं आप?

फ़र्रुख़सियर **स्थिर स्वर में** यहाँ...

हुमायूँ बख़्त ग़लत दिशा में कुछ क़दम चलाता है।

हुमायूँ बख़्त अज़ीउद्दीन!...कहाँ हो तुम?

अज़ीउद्दीन **बाँहें फैलाये, चक्कर खाता हुआ** मैं... **दौड़कर पास आता है।** तुम्हारे पास... **तुरन्त दूर भाग जाता है।** और बहुत दूर...कितनी खुली है यह जगह...यहाँ नज़र को कोई रोक नहीं... इस वुसअतं में परिन्दों की तरह उड़ो, मछलियों की तरह तैरो...

हुमायूँ बख़्त फ़र्रुख़सियर को छू लेता है। तत्काल पट्टी हटाता है।

हुमायूँ बख़्त पकड़े गये।...भाईजान पकड़े गये!

पट्टी फ़र्रुख़सियर की आँखों पर बाँधता है।

अज़ीउद्दीन अब आपकी बारी है।

हुमायूँ बख़्त छूकर दिखाइए ज़रा...

फ़र्रुख़सियर एकाध क़दम चलता है। अज़ीउद्दीन एवं हुमायूँ बख़्त एक–एक खम्भे या किसी और चीज़ के पीछे छिपते हैं। कुछ क्षणों बाद उनकी ऊँची चीख़ सुनाई देती है।

हुमायूँ बख़्त भाईजान!

अज़ीउद्दीन मेरी आँखें...

दोनों खम्भों के पीछे से मीर जुमला तथा ख़्वाजा आसिम हाथ में जलती सलाखें लिए निकलते हैं। हुमायूँ बख़्त एवं अज़ीउद्दीन की चीख़ों के साथ उनका प्रस्थान। फ़र्रुख़सियर एकटक हुमायूँ बख़्त तथा अज़ीउद्दीन को देख रहा है। आगे बढ़ता है। दोनों को एक–एक बाँह में ले लेता है।

फ़र्रुख़सियर **रुँधे स्वर में** हुमायूँ बख़्त!...अज़ीउद्दीन!... यक़ीन कर सकते हो तो करो कि इस लमहे मेरे दिल की गहराइयों की हक़ीक़त नुमायाँ है!...अहसास है मुझे कि कितना दवामी है वह रिश्ता, जो एक ही माँ–बाप की औलाद होने पर वजूद में आता है...मैंने बरहमेश यह ख़्वाब देखा है कि ख़ानदाने बाबर की रिवायत के ख़िलाफ़ यह रिश्ता मेरे सर आँखों पर रहे...लेकिन मैं यह बर्दाश्त नहीं कर सकता कि तुम नादानों में

से कोई दुश्मन के हाथों का नामुराद मोहरा बन जाये... **ऊँचे स्वर में** अपने ख़्वाब का ढोल पीटने वाले सैयद! तुमने भी एक मासूम ख़्वाब तोड़ा है...अगर मेरे दिल में सैयदों के वास्ते समुन्दर जैसी बेपनाह नफ़रत हो, तो मेरी बददुआ कुबूल करना यारब!...जैसे आज नस्ले तैमूरी का भाई भाई से जुदा हुआ है, वैसे ही सैयद भी हों।

अन्धकार।

दृश्य सोलह

दिल्ली में एक सुनसान खँडहर। जब प्रकाश होता है, तो अब्दुल्ला खाँ और पादशाह बेगम साथ हैं। पादशाह बेगम के चेहरे पर छोटा–सा नक़ाब है। अब्दुल्ला ख़ाँ के साथ प्रेम–लीला के समय पादशाह बेगम नक़ाब अपने हाथ में ले लेती है और अनुराग के प्रदर्शन के लिए उसका व्यवहार करती है।

अब्दुल्ला ख़ाँ **हल्की मुस्कान** से जो सियासत के ज़हर का मारा है, उस पर ख़िलअत का ज़हर क्या असर करेगा?

पादशाह बेगम **आवेग से** हुकूमत का यह कैसा नशा है, जो आदमी के ख़ून में जज़्ब होकर उसकी तासीर ही बदल देता है। **स्थिर दृष्टि से अब्दुल्ला ख़ाँ को देखती है। अनुराग के स्वर में** आपके ख़ून ने अपनी फ़ितरत क्यों नहीं बदली?

अब्दुल्ला ख़ाँ नहीं बदली क्या?... पर मेरी सलामती में आपकी दिलचस्पी क्योंकर हो गयी?

पादशाह बेगम क्योंकि हमें आपका हौसला पसन्द है। छोटी–सी मंसबदारी से विज़ारत तक परवाज़–ऐसा माद्दा कहाँ देखने में आता

है। फिर आपकी दिलेरी, दूरन्देशी...और नज़रे शौक़... **प्रेम की पूरी मुस्कान से** हम एक अर्से से तुम्हारे तलबगार हैं!

अब्दुल्ला ख़ाँ सिर्फ़ मेरे?

पादशाह बेगम तुम्हारे...और तुम्हारे ख़्वाब के...

अब्दुल्ला ख़ाँ मेरा ख़्वाब बेहद संगीन है।

परवर्ती संवाद के बीच छिपते हुए हुसैनअली, आलम अली एवं दिलावर ख़ाँ का प्रवेश।

पादशाह बेगम तभी तो रतनचन्द की हवेली के पीछे नूरेइलाही को हमेशा के लिए सुला दिया गया।

अब्दुल्ला ख़ाँ रतनचन्द की हवेली और नूरेइलाही की नींद के बीच जो रिश्ता है, उसका तो मुझे इल्म नहीं। लेकिन इतना ज़रूर है कि सुकूनपसन्द आँखें मेरे ख़्वाब की ताब नहीं ला सकतीं।

पादशाह बेगम सुकून किसे नसीब है और ख़्वाब की तब लाना सिर्फ़ ख़ून के रिश्ते की वजह से ही मुमकिन नहीं होता।

अब्दुल्ला ख़ाँ हिस्सेदारी की वजह से तो हो सकता है।

पादशाह बेगम तब नहीं, जब हिस्से में कमी की शिकायत हो।

अब्दुल्ला ख़ाँ शिकायत दूर कर दी जायेगी।

पादशाह बेगम ज़रूरत क्या है, जबकि तुमसे पूरी तरह इत्तिफ़ाक़ रखने वाले ये दो हाथ आगे हैं—हुसैनअली से ज़्यादा ताक़तवर...और हसीन...

अपने हाथ थोड़ा आगे बढ़ाती है।

अब्दुल्ला ख़ाँ फ़र्रुख़सियर से तुम्हारी शिकायत यहाँ तक पहुँच गयी?

पादशाह बेगम शिकायत...और हिस्सेदारी की बेताबी...

हाथ पूरे आगे बढ़ाती है।

अब्दुल्ला ख़ाँ हिस्सेदारी के लिए कोई बुनियाद भी तो चाहिए।

पादशाह बेगम इतना काफ़ी नहीं कि मैं हुस्न हूँ और तुम हुस्नपरस्त...?

अब्दुल्ला ख़ाँ मुस्कान के साथ पादशाह बेगम के हाथ थाम लेता है। फिर कपोलों पर हाथ रख उसका चेहरा ऊपर उठाता है। उसके होंठों की ओर झुकता है।

अब्दुल्ला ख़ाँ और गहरी बुनियाद दरकार है।

पादशाह बेगम तो तुम फ़र्रुख़सियर का सफ़ाया करो, मैं हुसैनअली का ज़िम्मा लेती हूँ।

अब्दुल्ला ख़ाँ चौंकता है। फिर मुस्कुराता है। पूर्ववर्ती संवाद के बीच हुसैनअली छिपी जगह से झाँकता है।

अब्दुल्ला ख़ाँ औरत एक बहुत ही रंगीन और संगीन तजुर्बा है, जिसमें से बार–बार गुज़रने को जी चाहता है।

पादशाह बेगम फ़र्रुख़सियर के बाद जहाँमुराद शाह को गद्दी पर बैठायेंगे।

अब्दुल्ला ख़ाँ एक नयी औरत को जानना गोया कि बज़ाते ख़ुद को नये सिरे से जानना है–अपने गिर्दोपेश को, इस सारी कायनात को...

पादशाह बेगम इंशाअल्ला...यह हिस्सेदारी ताज़िन्दगी चलेगी।

अब्दुल्ला ख़ाँ कितने मानी भरे हैं इसमें, कितनी गुत्थियाँ चस्पां हैं, निशातोग़म के कितने ताने–बाने...इस सबसे तुम्हारा तआरुफ़ सिर्फ़ औरत के ही ज़रिये है सकता है ...**अपनी फैली बाँहें देखता है।** बस, दो हाथ...नहीं...ये दो हाथ काफ़ी नहीं ...मैं कितने गुदाज़ सीनों की धड़कन महसूस करना चाहता हूँ। मेरे शौक़ का वहशी वलवला मेरी जिल्द को जैसे फाड़ देने को बेताब...ऐ दुनियाएफ़ानी की औरतो! मेरे ख़ून की एक–एक बूँद में अहसासात की कायनात...मेरी नस–नस में जज़्बात की रंगारंग ज़जीरें...मैं क़ल्बो बातिन की पूरी शिद्दत से तुम सबको प्यार करना चाहता हूँ, मैं अपने वजूद को तुममें समो देना चाहता हूँ...और उस लमहे की तड़पती बिजली–सी मसर्रत...जब यह वक़्त थम जाये...।

रतनचन्द का प्रवेश।

रतनचन्द महाराजा अजीत सिंह, बालाजी विश्वनाथ और चिनकुलीच ख़ाँ आपके मुन्तज़िर हैं।

अब्दुल्ला ख़ाँ पादशाह बेगम को ठहरने का संकेत करके चला जाता है। पीछे रतनचन्द। हुसैनअली, आलम और दिलावर निःशब्द पादशाह बेगम के पास आते हैं।

आलम और दिलावर पादशाह का मुँह दबाते हुए उस पर क़ाबू पा लेते हैं। हुसैनअली पादशाह की नक़ाब से उसका गला घोंट देता है। आलम एवं दिलावर पादशाह की लाश को उठा ले जाते हैं। अब्दुल्ला ख़ाँ का व्यग्रता से प्रवेश। हुसैनअली को देखकर चौंकता है, जिसके हाथ में पादशाह का नक़ाब है।

अब्दुल्ला ख़ाँ पादशाह बेगम कहाँ है?

हुसैनअली वहीं, जहाँ हुसैनअली के दुश्मनों को होना चाहिए।

दोनों की निगाहें मिलती हैं।

अब्दुल्ला ख़ाँ तुम यहाँ पहुँचे कैसे?

हुसैनअली रतनचन्द की हवेली के पीछे मिली नूरेइलाही की बेज़ुबान लाश ने मुझे यहाँ का पता दिया था...भाईजान!

अन्धकार।

दृश्य सत्रह

लाल क़िला। दरबार। अब्दुल्ला ख़ाँ, हुसैनअली, आलम अली, दिलावर खाँ, मीर जुमला, ख़्वाजा आसिम, अजीत सिंह, जयसिंह, बालाजी विश्वनाथ, चूड़ामन, रतनचन्द, चिनकुलीच ख़ाँ, अमीन ख़ाँ इत्यादि अपनी–अपनी जगह। धीमी आवाज़ में अमीर आपस में बात कर रहे हैं। विराम।

नक़ीब **ऊँचे स्वर में** बाअदब बामुलाहिज़ा होशियार...बादशाह सलामत तशरीफ़ ला रहे हैं। **फ़र्रुख़सियर का प्रवेश। सभी दरबारी चहार तस्लीम करते हैं, जिसके दौरान फ़र्रुख़सियर सिंहासन पर बैठता है।**

दरबारी **साथ–साथ** बादशाह सलामत...बादशाह सलामत...बादशाह सलामत...बादशाह सलामत...

फ़र्रुख़सियर हमारे हुकूमत सँभालने से पहले सल्तनत अँधेरे सायों में घिरी थी। हर आने वाला दिन बढ़ती हुई तबाही का ऐलान होता था। सबकी आँखों में तारीकी थी और दिलों में सोग़...गोया कि हर

रोज़ रोज़े–क़यामत था।...लेकिन नये निज़ाम के इस छोटे–से दौर में ही फ़िज़ाओं से एक नयी ख़ुशबू आने लगी है, नज़रों से नाउम्मीदी के बादल छँटने लगे हैं और दिल के वीराने से नग़्मों की गुनगुनाहट सुनायी देने लगी है। ...**अगली पंक्तियों के बीच नाज़िर थाल लिए, फ़र्रुख़सियर के पास आता है, फ़र्रुख़सियर ख़िलअत छू देता है। नाज़िर मीर जुमला के पास आता है, जो तहरीर उठा लेता है।** यह कैफ़ियत मुल्क की एक हद से दूसरी हद तक फैलती जा रही है–जैसे एक बेताब मौज, जैसे हवा का एक बेचैन झोंका, जैसे बेइख़्तियार सुरूर.. .और लगता है कि रोज़े–क़यामत का कोई वास्ता नहीं--हमसे, क़िलए मुअल्ला से, दिल्ली से, मुग़ल सल्तनत से।... कहने की ज़रूरत नहीं कि ख़ुदएतमादी के इस अहसास के फलने–फूलने का सेहरा बड़े सैयद के सर है।

मीर जुमला **तहरीर पढ़ते हुए** वज़ीर जनाब अब्दुल्ला ख़ाँ जिस मुस्तैदी से अपना फ़र्ज़ अंजाम दे रहे हैं, वे हुकूमत के वास्ते बाइसे फ़ख़्र है। चुनाँचे...

फ़र्रुख़सियर **बीच में** जश्ने नौरोज़ के मौक़े पर...

मीर जुमला ...दीवाने ख़ास के इस जलसे में हुकूमत आपको कुत्बुल्मुल्क़ का ख़िताब अता करती है।

मीर जुमला के तहरीर थाल में रखने के साथ अब्दुल्ला ख़ाँ आगे आता है। फ़र्रुख़सियर थाल से अशर्फ़ियों की थैली उठाकर अब्दुल्ला ख़ाँ को देता है, जिसे पीछे खड़ा रतनचन्द अब्दुल्ला से ले लेता है। फ़र्रुख़सियर ख़िलअत उठाने को होता है। हुसैनअली तुरन्त फ़र्रुख़सियर को पीछे से पकड़ लेता है और आलम अली एवं दिलावर ख़ाँ फ़र्रुख़सियर को ऐसे हथकड़ी पहनाते हैं कि उसके हाथ पीछे पीठ पर हों। इसके साथ ही चूड़ामन तथा बालाजी विश्वनाथ तलवार की नोक मीर जुमला एवं ख़्वाजा आसिम के सीने से सटा देते हैं। बहुत शीघ्रता से अब्दुल्ला ख़ाँ और हुसैनअली ख़िलअत फ़र्रुख़सियर को पहना देते हैं।

फ़र्रुख़सियर **पीछे हटते हुए** नहीं, नहीं...मुझे माफ़ कर दीजिए...खोल दो इसे...मुझसे ग़लती हुई...**इस संवाद के बीच हरमसरा वाले मंच—क्षेत्र में अवाक् इन्द्रकुँवर दिखाई देती है। अजीत सिंह सिर झुकाये खड़ा है।** किसने दग़ा दिया?...यह कैसे हो गया?...मैंने तो सोचा था कि...कोई खोल दो इसे... **फ़र्रुख़सियर झरोखा—दर्शन वाले मंच—क्षेत्र तक पहुँच चुका है। लड़खड़ा कर गिरता है। अन्धकार। मध्यान्तर।**

दृश्य अठारह

वही स्थान।

अमीन ख़ाँ अभी बाज़ार से आ रहा हूँ। माहौल काफ़ी गर्म है।

जयसिंह सच्चाई तो यह है कि लोग साफ़–साफ़ सैयद भाइयों को नमकहराम कह रहे हैं।

चिनक़ुलीच ख़ाँ एक हद तक ऐसे रद्दे अमल की उम्मीद भी थी।

अब्दुल्ला ख़ाँ लेकिन फ़र्रुख़सियर ने हमारे रू–ब–रू और कोई रास्ता नहीं छोड़ा था। हम आजिज़ आ चुके थे–उनके फ़रेब से, हुकूमत से, अपने आपसे।

अजीत सिंह फ़र्रुख़सियर की एक ही चिन्ता थी– शासन को अपनी मुट्ठी में लाना।

हुसैनअली उन्होंने ज़रा भी ख़याल नहीं किया कि उनकी ख़ातिर हमने जान की बाज़ी लगा दी थी।

बालाजी उन्हें देश के इतने हिस्सों से सहयोग मिला, लेकिन वे इसका लाभ नहीं उठा सके।

चूड़ामन उनके बहाने उनके चम्मच राज करे सैं।

अब्दुल्ला ख़ाँ बहरहाल...सवाल यह है कि आगे क्या करना है।

जयसिंह **हल्के व्यंग्य से** करना क्या है! सल्तनत को बादशाह तो चाहिए ही!

अब्दुल्ला ख़ाँ राजा रतनचन्द रफ़ीउद्दर्जात को लाने सलीमगढ़ गये हैं।

अमीन ख़ाँ आज़म का बेटा?

अब्दुल्ला ख़ाँ हाँ। और उनकी बीवी इनायत बानो... अब आप सबका जैसा फ़ैसला हो।

अजीत सिंह उचित है। रफ़ीउद्दर्जात माँ और आप– दोनों ओर से औरंगज़ेब के सगे हैं।

अब्दुल्ला ख़ाँ क्यों बालाजी?

बालाजी **हिचकिचाहट** से मुझे तो ठीक ही लगता है...और फिर बात तो यह है कि उनके साथ काम तो आपको ही करना है।

अब्दुल्ला ख़ाँ **चिनक़ुलीच ख़ाँ** से क्या राय है आपकी?

चिनक़ुलीच ख़ाँ सियासते दिल्ली बहुत ख़ौफ़नाक है मेरे वास्ते...मैं तो वापस सूबे के सुकून में जाना चाहता हूँ।

जयसिंह रफ़ीउद्दर्जात पर ही आपकी आँख क्यों गयी?

अब्दुल्ला ख़ाँ कोई ख़ास वजह नहीं। वह नज़दीक है, एकाध बार का देखा हुआ है।...क्या कोई और है आपकी निगाह में?

जयसिंह अकबराबाद में नेकूसियर है–मुहम्मद अकबर का बेटा।

बालाजी लेकिन वह तो अकबराबाद में है।

अजीत सिंह लाने में समय लग जायेगा।

चूड़ामन और क्ख़ून के लेक्खे सूँ रफीउद्दर्जात ज्यूँ ऊँच्चा भी नाहीं।

बालाजी चूड़ामन जी का तर्क संगत है। फ़र्रुख़सियर की मौत से अगर जनता को धक्का लगा है, तो उनके मन पर यह बात मरहम का काम करेगी कि नये सम्राट में महान् मुग़लों का लहू और भी निकट का है।

हुसैनअली ताज किसके सिर पर रखा जाता है, यह बात इतनी अहम है नहीं!

अब्दुल्ला ख़ाँ क्रोधित दृष्टि से हुसैनअली को देखता है। रफ़ीउद्दर्जात का प्रवेश। पीछे रतनचन्द। विराम। हुसैनअली रफ़ीउद्दर्जात के कन्धे पर हाथ रखने को होता है, पर अब्दुल्ला ख़ाँ उससे पहले रफ़ीउद्दर्जात के कन्धे पर हाथ रखता है। हुसैनअली की ओर ध्यान दिये बिना रफ़ीउद्दर्जात को सिंहासन तक ले आता है। हुसैनअली क्रोध में। आत्मसजग रफ़ीउद्दर्जात सिंहासन पर बैठता है, मुग्ध भाव से तख़्त के हत्थे सहलाता है, छतरी देखता है, ताज छूता है।

नक़ीब अबुल बर्कात, सुल्तान शम्सुद्दीन, मुहम्मद रफ़ीउद्दर्जात, बादशाह ग़ाज़ी...

दरबारी **चहार तस्लीम के साथ** बादशाह सलामत... बादशाह सलामत...बादशाह सलामत...बादशाह सलामत...

नक़ीब ज़द सिक्का बहिन्द बहज़ारां बर्कात,

शहंशाहे–बहरो–बर, रफ़ीउद्दर्जात...

दरबारी **दो बार तस्लीम करते हुए** बादशाह सलामत...बादशाह सलामत...

शायर **ऊबा हुआ**

ये जश्नेतमन्ना मुबारक मुबारक,
ये फ़तह का लम्हा मुबारक मुबारक...
ये तख़्तेमुग़लिया सलामत सलामत,
ये एहसासे शादाँ मुबारक मुबारक...
ये रौशन दरीचे, ये दिलशाद कूचे,
हरेक सिम्त ये रंगो बू के बग़ीचे
फ़िज़ाओं में नग़्मे, हवाओं में...

हुसैनअली से तेज़ी से प्रस्थान के साथ शायर चुप हो जाता है। अब्दुल्ला ख़ाँ हुसैनअली को देखता है। आलम और दिलावर की निगाह मिलती है। दरबारी स्तब्ध। दिमाग़ी शायर को कुहनी मारता है।

शायद **हड़बड़ाकर**

फ़िज़ाओं में नग़्मे, हवाओं में नौबत,
गुलों में नज़ाकत औ' गुंचों में रंगत
ये दिल्ली की गलियाँ सलामत सलामत,
हसीं रंगरलियाँ मुबारक मुबारक।

अन्धकार।

दृश्य उन्नीस

लाल क़िले का कक्ष। बहादुर ख़ाँ बैठा गंज़ीफ़ा (ताश) खेल रहा है। चादर में मुँह छिपाये बादशाह बेगम का प्रवेश। बहादुर ख़ाँ रोकता है।

बादशाह बेगम मलिकाएआली की पुरानी बाँदी हूँ जनाब! गुलाब पाश की मुबारकबाद देने हाज़िर हुई हूँ। **मुट्ठी में सिक्के खनखनाती है। बहादुर ख़ाँ आसपास देखता है। सिक्के लेता है।**

बहादुर ख़ाँ ज़्यादा देर मत लगाना।

फिर ताश खेलने लगता है। बादशाह बेगम मंच के उस भाग में आती है, जहाँ रफ़ीउद्दर्जात एवं इनायत बानो हैं। दोनों प्रश्नसूचक दृष्टि से बादशाह की ओर देखते हैं। वह चादर हटाती है।

इनायत बानो **आश्चर्य** से आपा!

बादशाह बेगम बच गयी किसी तरह...हुकूमते हिन्दुस्तान मुबारक!

इनायत बानो **मन्द स्मित से** हाँ, सोचा तो नहीं था ख़्वाब में भी!

रफ़ीउद्दर्जात **हल्की मुस्कान से** ख़्वाब इसी तरह हक़ीक़त में बदलते हैं।

बादशाह बेगम **वैसे ही** बस, यह निगहबानी ज़रूरी है कि हक़ीक़त फिर ख़्वाब में तब्दील न हो।

विराम।

इनायत बानो **हाथ का नक़्शा आगे बढ़ाते हुए** अच्छा बताओ आपा, इस मेहराब में तुम्हें कोई नुक़्स नज़र आता है?

रफ़ीउद्दर्जात अब्बा हुज़ूर अपने सूबे में तामीर करवाना चाहते थे। लेकिन ज़िन्दगी ने उन्हें इतनी मुहलत नहीं दी।

बादशाह बेगम **नक़्शा देखते हुए** हमारा ख़याल है कि ये ऊपर वाले कँगूरे ज़्यादा बड़े हैं...और मशरिक़ की तरफ़ यह जो नक़्क़ाशी है न, पूरी तामीर की शख़्सियत से मेल नहीं खाती।

रफ़ीउद्दर्जात अगर दूसरी से लेकर पाँचवीं मंज़िल पर सामने की तरफ़ तीन–तीन दरीचे भी हों तो कुछ खुलेपन का अहसास होगा।

इनायत बानो और रंग भी सफ़ेद होना चाहिए– संगेमरमर इस्तेमाल कर के, ताकि असर सादगी और पाकीज़गी का हो।

बादशाह बेगम **यकायक** तो आप लोग ख़ुद ऐसी मेहराब क्यों नहीं बनवाते?

रफ़ीउद्दर्जात **किंचित् नासमझी से** हम?

बादशाह बेगम तख़्तनशीनी के बाद ऐसी तामीर की रिवायत भी है।

इनायत बानो दुरुस्त तो है, ताकि हमारे आग़ाज़े अहद की सनद रहे।

हुसैनअली, आलम अली तथा दिलावर ख़ाँ का प्रवेश। बहादुर ख़ाँ उठकर अभिवादन करता है। हुसैनअली मूकाभिनय में उसे निर्देश देता है। इस बीच बादशाह बेगम तुरन्त चादर में मुँह छिपाते हुए अन्दर चली जाती है। हुसैनअली, आलम अली एवं दिलावर ख़ाँ रफ़ीउद्दर्जात के निकट आते हैं। अभिवादन करते हैं। हुसैनअली उद्दंड है।

हुसैनअली दर्प से पादशाह बेगम ने कुबूल किया है कि फ़र्रुख़सियर ने यहाँ बिहार से लाये हीरे–जवाहरात छिपा रखे थे। **आलम अली एवं दिलावर ख़ाँ से** आप लोग देखिए अन्दर...**आलम अली तथा दिलावर ख़ाँ बढ़ते हैं।**

इनायत बानो **आपत्ति के स्वर में** हमारी ख़्वाबगाह में जायेंगे ये?

हुसैनअली हाँ।

रफ़ीउद्दर्जात लेकिन यहाँ कुछ नहीं।

हुसैनअली गुस्लख़ाने के पीछे तहख़ाना बताया गया है। हमें इल्म है कि क़िलाएमुअल्ला में कहाँ क्या है।

इनायत बानो **अधिकार के गर्व से** वहाँ के रिहायशपिज़ीरों से ज़्यादा?

हुसैनअली **अवज्ञा से हँसता है।** रिहायशपिज़ीरों को चार रोज़ से वह सबाएशाही नसीब हुई है, जो हमारे इशारे पर रवां होती है।

हुसैनअली के संकेत पर आलम अली एवं दिलावर ख़ाँ का प्रस्थान।

हुसैनअली यह नक़्शा क्या है? **उठाकर देखने लगता है।**

रफ़ीउद्दर्जात ख़ानदाने तैमूर अपनी इमारतों के लिए मशहूर है—अकबर का बुलन्द दरवाज़ा और फ़तेहपुर सीकरी, शाहजहाँ का लाल क़िला और ताजमहल...औरंगज़ेब की मोती मस्जिद...

हुसैनअली प्रश्नात्मक दृष्टि से देखता है।

रफ़ीउद्दर्जात **भोलेपन से** चाँदनी चौक में संगमरमर की एक मेहराबे फ़तेह तामीर करवाना चाहता हूँ।

विराम।

हुसैनअली **शान्ति से** आपने किस पर फ़तेह पायी है? **रफ़ीउद्दर्जात मौन रहता है।**

हुसैनअली **उसी प्रकार** संगमरमर के एक छटाँक टुकड़े की क़ीमत मालूम है?

रफ़ीउद्दर्जात नीचे देखने लगता है।

हुसैनअली **आक्रोश से** इल्म है आपको कि आपको ज़िन्दा रखने का ख़र्च क्या है?...अन्दाज़ है आपको कि अगर एक वक़्त आप खाना नोश न फ़र्माएँ, तो हिन्दुस्तान का एक गाँव सालों ज़िन्दा रह सकता है... **स्थिर दृष्टि से देखता है।** आप नहीं जानते कि क्या मजबूरी है हमारी, जो हमने आपकी ज़िन्दगानी को तरजीह दी है।

इनायत बानो **आवेश में** यह सल्तनत हमारी है!

हुसैनअली **उत्तेजित हो** लेकिन हुकूमत हमारी!

रफ़ीउद्दर्जात ताज हमारे सर पर है।

हुसैनअली लेकिन रखा हमारे हाथों ने!

इनायत बानो हक़ हमारा है।

हुसैनअली **ऊँचे स्वर में** लेकिन तभी तक, जब तक हम चाहते हैं।

इनायत बानो **आक्रोश से** हुसैनअली! तुमने शहंशादे हिन्दुस्तान की बेहुरमती की है।

हुसैनअली **झपटकर** अदब से काम लें बेगम! मीर बख़्शी इस तरह मुख़ातिब होने का आदी नहीं।

इनायत बानो गोवा की नस्ले तैमूर इस तरह मुख़ातिब होने की आदी है?

हुसैनअली नस्ले तैमूर अपनी हद के बाहर जा रही थी।

इनायत बानो तुम्हारी तो पैदाइश ही हद के बाहर हुई है...अदबो लिहाज़ के!

हुसैनअली **तलवार की मूठ पर हाथ रख, दाँत पीसते हुए** बख़ुदा...अगर आप औरत न होतीं तो...

इनायत बानो **पुकार कर** दारोग़ाएहरम!

तत्काल दारोग़ाएहरम का प्रवेश। अभिवादन करता है।

इनायत बानो **हुसैनअली की ओर संकेत सहित** गिरफ़्तार कर लो इस बदतमीज़ को, जिसने मलिका–ए–आली की तौहीन की है।

दारोग़ाएहरम सिर झुका लेता है।

इनायत बानो **उत्तेजना से** हुक्मेशाही दोहराया नहीं जाता। **विराम। हुसैनअली के संकेत पर दारोग़ाएहरम का प्रस्थान।**

हुसैनअली **दर्प से रफ़ीउद्दर्जात की ओर बढ़ते हुए** शहंशाहे हिन्द का मर्तबा अब वह हासिल करते हैं...**एक पैर रफ़ीउद्दर्जात के आसन पर रखता है, साथ ही रफ़ीउद्दर्जात आसन से नीचे गिर जाता है।** जिनके सर पर सुनहरे काम वाली इस मुबारक जूती का साया होता है।

त्रस्त रफ़ीउद्दर्जात इनायत बानो को देखता है। विराम। इनायत बानो लपक कर दो कटारें उठाती हैं। एक रफ़ीउद्दर्जात की ओर फेंकती है। एक अपने सीने में घोंप लेती है। लड़खड़ा कर गिरती है। आलम एवं दिलावर का प्रवेश, जो मृत इनायत बानो के निकट हैं। रफ़ीउद्दर्जात इनायत बानो को देखता है। आलम एवं दिलावर के पास आता है।

रफ़ीउद्दर्जात **हाथ की कटार आगे बढ़ाते हुए गिड़गिड़ा कर** यह लीजिए।

आलम एवं दिलावर गम्भीर भाव से मौन रहते हैं। रफ़ीउद्दर्जात पलट कर हुसैनअली के पास आता है।

रफ़ीउद्दर्जात **आर्त्त स्वर में** मुझे...मुझे सलीमगढ़ भिजवा दीजिए।

हुसैनअली पाशविक मुस्कान से रफ़ीउद्दर्जात की ओर एक क़दम आगे बढ़ाता है। रफ़ीउद्दर्जात आलम और दिलावर की ओर मुड़ता है, जो हुसैनअली की तरह उसे घेरते जाते हैं।

रफ़ीउद्दर्जात **सिसकी के साथ** मैं...मैं सलीमगढ़ जाऊँगा...मुझे सलीमगढ़...

हुसैनअली के संकेत पर आलम रफ़ीउद्दर्जात का हाथ मोड़कर कटार का रुख़ उसके सीने की ओर करता है और एक झटके में कटार गहरे उतार देता है। रफ़ीउद्दर्जात नीचे गिरता है। हुसैनअली नक़्शा रफ़ीउद्दर्जात पर फेंक देता है। अन्धकार। दूसरे मंच–क्षेत्र में आलोक। भाँड, नक़्क़ाल और बहुरूपिये का गाते हुए प्रवेश।

भाँड, नक़्क़ाल और बहुरूपिया

भोले से सुल्तान को मारा
अपने दीन–ईमान को मारा
मासूम मलिका क़त्ल कराई
खूनेबाबर देवे दुहाई
शाही गोदी करी निपूती
तख़्तेताउस पै धर दी जूती
अब्दुल्ला, हुसैनअली
शाह बनाये कठपुतली

अन्धकार।

दृश्य बीस

सलीमगढ़।

रौशन अख़्तर सुना है, रफ़ीउद्दर्जात का भी ख़ात्मा हो गया?

निसार कैसे?

परवेज़ **करुण मुस्कान से** ख़ुद मरे या मारे गये?

इब्राहीम बेग **हल्की मुस्कान से** मुग़ल शहज़ादों को कुदरती मौत नसीब नहीं होती।

रफ़ीउद्दौला **अफ़ीम की पिनक में** सुना है, रफ़ीउद्दर्जात का भी ख़ात्मा हो गया?

निसार तो अब?

रौशन अख़्तर अब सलीमगढ़ से एक और रिहाई होगी—क़ैदख़ाने के अँधेरे के बाद क़िलाएमुअल्ला का कोहेनूर...

इब्राहीम बेग हमारे वास्ते मौत का रास्ता तख़्तेताउस से होकर जाता है।

अब्दुल्ला ख़ाँ तथा रतनचन्द का प्रवेश। पीछे जुम्मन। अब्दुल्ला ख़ाँ बन्दियों को देखता है। एक के निकट आता है।

जुम्मन **इशारे के साथ** इनायत बेग—अख़्तर बेग के बेटे...

अब्दुल्ला ख़ाँ पल भर उसकी ओर देखकर आगे आता है। रौशन अख़्तर को देखता है।

जुम्मन रौशन अख़्तर...

रतनचन्द **ध्यान से देखते हुए** रौशन अख़्तर...

अब्दुल्ला ख़ाँ तौलती दृष्टि से रौशन अख़्तर को देखता है।

अब्दुल्ला ख़ाँ आप ही से बादशाह बेगम की मँगनी हुई है?

रौशन अख़्तर हाँ जनाबेआली!

अब्दुल्ला ख़ाँ तथा रतनचन्द की निगाह मिलती है। सहसा रफ़ीउद्दौला उठ खड़ा होता है।

रफ़ीउद्दौला **भोलेपन से** कुतुबुल्मुल्क़! क्या मेरी एक गुज़ारिश कुबूल होगी?

अब्दुल्ला ख़ाँ प्रश्नात्मक दृष्टि से जुम्मन को देखता है।

जुम्मन रफ़ीउश्शान के बेटे रफ़ीउद्दौला...पूरे छह माह के थे, जब यहाँ लाये गये। ज़िन्दगी में कभी सलीमगढ़ के बाहर नहीं निकले।

क्षणिक विराम।

अब्दुल्ला ख़ाँ फ़र्माइए।

रफ़ीउद्दौला मैंने घोड़े के बारे में सुना है, पढ़ा है, लेकिन कभी देखा नहीं। क्या मुझे एक बार बाहर जाकर दौड़ता हुआ घोड़ा देखने की इज़ाज़त मिल सकती है?

अब्दुल्ला ख़ाँ **कुछ ठहरकर** बेशक...आप हमारे साथ तशरीफ़ लायें।

रतनचन्द हाथ का थाल अब्दुल्ला के आगे करता है। अब्दुल्ला रफ़ीउद्दौला के सिर पर ताज रखता है।

नक़ीब **नेपथ्य में** अबुल बरकात, सुल्तान शाहजहाँ सानी, मुहम्मद रफ़ीउद्दौला...

सब **चहार तस्लीम करते हुए** बादशाह सलामत...बादशाह सलामत...बादशाह सलामत...बादशाह सलामत...

रफ़ीउद्दौला, अब्दुल्ला ख़ाँ एवं रतनचन्द का प्रस्थान।

निसार **त्रस्त** अब बेचारे रफ़ीउद्दौला का क्या होगा? **क्षणिक विराम। एक बन्दी दौड़कर अपनी जगह आता है और हाथों में मुँह छिपाये चीख़ मारता है। अन्धकार।**

दृश्य—21

अब्दुल्ला ख़ाँ के भवन का एक कक्ष। रतनचन्द का हाथ में पत्र लिए प्रवेश।

रतनचन्द दकन से बेहद संजीदा ख़बर आयी है जनाबे–आली! चिनकुलीच की फ़ौज ज़रूरत से ज़्यादा बड़ी हो गयी है और भर्ती फिर भी बरक़रार है।

अब्दुल्ला ख़ाँ रतनचन्द! निज़ामुल्मुल्क़ के नाम फ़रमान तैयार करो कि वे फ़ौरन दिल्ली हाज़िर हों?

रतनचन्द दकन में निज़ामुल्मुल्क़ की जगह कौन लेगा?

अब्दुल्ला ख़ाँ हुसैनअली।

हुसैनअली **चौंककर** क्या?

कुछ क्षण दोनों की दृष्टि मिली रहती है। रतनचन्द का प्रस्थान।

अब्दुल्ला ख़ाँ दिल्ली से किसी भी अमीर के पाँव कभी भी उखड़ सकते हैं। बुनियाद के लिए उसके पास एक सूबा होना लाज़िमी है। इससे उसका दायरा–ए–असर बढ़ता है। ज़्यादा पैसे हाथ में आता है और एक सूबा पीछे होने से दिल्ली में साख भी बनती है। और इस लिहाज़ से

सबसे अहम सूबा है–दकन! वहाँ हमारी ज़ाती मौजूदगी ज़रूरी है। इससे मराठे मालवा और गुजरात में आगे नहीं बढ़ सकेंगे।

हुसैनअली तौलती दृष्टि से अब्दुल्ला ख़ाँ को देखता है।

हुसैनअली चिनकुलीच को दकन से हटाकर हम रखेंगे कहाँ?

अब्दुल्ला ख़ाँ बिहार।

हुसैनअली **भड़ककर** पर बिहार में तो हैदरबेग है।

अब्दुल्ला ख़ाँ उसके वास्ते कोई भी जगह तलाश कर लेंगे।

हुसैनअली लेकिन हैदरबेग को पटना बेहद अज़ीज़ है और मुझे हैदरबेग बेहद अज़ीज़ है।

अब्दुल्ला ख़ाँ **शान्ति से** सियासत में जज़्बात काम नहीं आते।

हुसैनअली **क्रोध से** आख़िर मैं भी जानूँ कि चिनकुलीच के वास्ते बिहार ही क्यों मौज़ूँ है?

अब्दुल्ला ख़ाँ सूबा–ए–बिहार के कुछेक जागीरदार बग़ावत पर आमादा हैं। उनका ख़याल है कि मिज़ाजे हुकूमत वैसा नहीं, जैसा अवाम की बेहतरी के लिए होना चाहिए। निज़ामुल्मुल्क़ का सारा वक़्त इन सरकशों को दबाने में सर्फ़ हो जायेगा। और फिर ग़रीब बिहार से उन्हें अपनी ख़्वाहिशे–ख़ुदमुख़्तारी के वास्ते पैसा नहीं मिल पायेगा।

हुसैनअली — **सोचता है। फिर आवेग से** लेकिन हैदरबेग...वह मुझे एहसानफ़रामोश समझेगा।

अब्दुल्ला ख़ाँ — हम उसे दिल्ली में किसी ऊँचे ओहदे पर बुला लेंगे। सूबे से सीधे दारूल्सल्तनत तलब किया जाना ओहदे का ऊँचा होना है।

हुसैनअली सहसा ठिठक जाता है। स्थिर दृष्टि से अब्दुल्ला को देखता है।

हुसैनअली — और फिर किसी हादसे में नूरेइलाही की तरह उसकी भी मौत हो जायेगी!

अब्दुल्ला ख़ाँ — **चौंककर** क्या कह रहे हो तुम!

हुसैनअली — एक तरफ़ आप मुझे दकन भेजना चाहते हैं और दूसरी तरफ़ सूबे से दिल्ली में आने को ओहदे में इज़ाफ़ा तस्लीम करते हैं?...आप कुबूल क्यों नहीं करते कि आप मेरी ज़ाती बुनियाद ही ख़त्म कर देना चाहते हैं?

अब्दुल्ला ख़ाँ — **तड़पकर** हुसैन!

हुसैनअली — **आवेश में** आप कह सकते हैं अपने कलेजे पर हाथ रखकर कि जिस ख़ंजर ने नूरेइलाही का कलेजा उसके सीने से निकाल लिया, उसके दस्ते पर आपने फूँक नहीं मारी थी?

अब्दुल्ला ख़ाँ — **क्रोध से** तुम होश खो बैठे हो अपना!.. **अगले ही क्षण यकायक, बेहद नरमी से** तुम्हारे दिल में ख़लिश पैदा करने की ये दुश्मनों की एक चाल है।

हुसैनअली — **आक्रोश से** चाल दुश्मनों की है या आपकी?

अब्दुल्ला ख़ाँ — **बिफर कर** नादान! जानता नहीं कि एक दूसरे से टूटना हमारी बरबादी होगी?

हुसैनअली — तब फिर आप मुझे बरबाद करने पर क्यों तुले हैं?

अब्दुल्ला ख़ाँ — मैंने ऐसा कुछ नहीं किया हुसैन!

हुसैनअली स्थिर दृष्टि से अब्दुल्ला ख़ाँ को देखता है।

हुसैनअली — चिनकुलीच ख़ाँ बिहार नहीं मालवा जायेगा, जो दिल्ली और दकन के बीच है और जहाँ दोनों तरफ़ से उस पर निगाह रखी जा सकती है।

अब्दुल्ला ख़ाँ — इस वक़्त तुम्हारी ज़बान से आलम और दिलावर बोल रहे हैं। इस वास्ते तुम्हें यह बताने से कोई फ़ायदा नहीं कि तुम्हारी इस तजवीज़ से कितना नुक़सान है।

हुसैनअली — **लापरवाही से** मुझे इल्म है कि आलम और दिलावर आपको सख़्त नापसन्द हैं।

अब्दुल्ला ख़ाँ — मुझे तुम्हारा हर वह दरबारी नापसन्द है, जो तुम्हारे और हक़ीक़त के दरम्यान दीवार की तरह हायल है।

हुसैनअली — मेरा हर अज़ीज़ दोस्त आपके तईं ऐसी अनचाही दीवार है, जिसे आप रेज़ा–रेज़ा कर देना चाहते हैं। लेकिन फिर भी मेरा यह फ़ैसला है कि निज़ामुल्मुल्क़ के मालवा जाने के बावजूद मैं हैदरबेग को दिल्ली तलब कर रहा हूँ, ताकि इस

बात की तस्दीक़ हो सके कि हुसैनअली का कलेजा किस फ़ौलाद का बना है!

द्रुत गति से जाने लगता है।

अब्दुल्ला ख़ाँ **व्यग्रता** से हुसैन!

बाहर निकलते–निकलते हुसैनअली मुड़कर देखता है। एक क्षण दोनों की दृष्टि मिली रहती है। अन्धकार।

दृश्य बाईस

लाल क़िले का एक कक्ष। रफ़ीउद्दौला झरोखा दर्शन दे रहा है। नेपथ्य में चार बार समवेत 'बादशाह सलामत'। रफ़ीउद्दौला भाव–विभोर है।

रफ़ीउद्दौला **ऊपर देखते हुए, धीरे–धीरे** तो ऐसा होता है आस्मान–धुएँ की मानिन्द... और बादल जैसे धुनी हुई रुई...और बीच–बीच में जड़ी परिन्दों की बेताबी... गोया किसी की बेबस फ़र्याद...आस्मान... बादल...परिन्दे...फ़र्याद...बेबस फ़र्याद...

शायर और दिमाग़ी का प्रवेश।

दिमाग़ी **गोपनीय ढंग से** तुमने अपनी एक हज़ार अशर्फ़ियों का क्या किया?

शायर **थैली छूते हुए गद्‌गद भाव से** अभी तो सिर्फ़ अपनी आँखों की प्यास बुझा रहा हूँ...ज़िन्दगी में पहली मर्तबा देखी है इतनी दौलत–और वह भी अपनी।

दिमाग़ी **चेतावनी के स्वर में** और उस काम का क्या होगा, जिसकी एवज़ में इतना मेहनताना मिला है?

शायर **दुर्बल स्वर में** ज़रा–सी तो बात है। किये देते हैं।

दिमाग़ी एक हफ़्ता तो हो गया करते–करते... बादशाह बेगम जितनी फ़राख़दिल है, उतनी ही ज़ालिम भी!

शायर **भयभीत–सा** सोचता हूँ कि अशर्फ़ियाँ वापस कर दूँ।

दिमाग़ी **आवेश में** पागल हुए हो! तमाम ज़िन्दगी ग़ज़लें उगलते रहोगे, तो भी इतना नामा नसीब नहीं होगा।

शायर और अगर सैयदों को पता चल गया तो।

दिमाग़ी तो क्या? कह देंगे कि बादशाह सलामत ने चन्द किताबें माँगी थीं।

दोनों रफ़ीउद्दौला के पास आते हैं।

शायर व दिमाग़ी **चहार तस्लीम करते हुए, साथ–साथ** जहाँपनाह का इक़बाल बुलन्द रहे!

रफ़ीउद्दौला मुड़ता है।

रफ़ीउद्दौला ओह, कितना इन्तज़ार कराया आप लोगों ने...**रफ़ीउद्दौला हाथ आगे बढ़ाता है। शायर ज़ेब से अफ़ीम की डिबिया निकालकर देता है। रफ़ीउद्दौला दो–तीन टुकड़े मुँह में डालता है।**

रफ़ीउद्दौला ओह, जान में जान आयी।...क्या शै बनायी है अफ़ीम भी!...रंगों में गोया पखावज बजने लगती है।

शायर अभी कल ही तो हमने आलमपनाह को लाकर दी थी।

रफ़ीउद्दौला **मन्द स्मित से** कल का अहसान कल ही हज़्म कर लिया था।

दिमाग़ी गुस्ताख़ी माफ़ जहाँपनाह, लेकिन पहले तो आप इतनी नोश नहीं फ़र्माते थे?

रफ़ीउद्दौला **कुछ ठहरकर, करुण स्वर में** क़ैद में हम आज़ाद थे। लेकिन हमारा दिल ही जानता है कि क्या गिरांबारिये क़ैद है इस आज़ादी में...हमें सुब्होशाम महसूस होता है, जैसे हम सिर्फ़ ख़ून और मांस का लोथड़ा हैं...अहसासो–जज़्बात से परे...**क्रोध से** शायद अपनी पैदाइश के मुतल्लिक़ भी हमें ग़लतफ़हमी है, वरना नस्ले तैमूरी ऐसी मुसलसल ज़िल्लत बर्दाश्त कर सकती थी?...बर्दाश्त कर सकती थी?...बर्दाश्त कर सकती थी?

शायर झपटकर डिबिया पेश करता है। रफ़ीउद्दौला दो–तीन टुकड़े मुँह में डालता है।

रफ़ीउद्दौला **फिर क्रोध में** वरना नस्ले तैमूरी ऐसी मुसलसल ज़िल्लत बर्दाश्त कर सकती थी?

शायर और दिमाग़ी की दृष्टि मिलती है।

दिमाग़ी **किताब आगे बढ़ाते हुए** आलमपनाह ने पढ़ने के वास्ते कुछ माँगा था।

रफ़ीउद्दौला किताब ले लेता है।

रफ़ीउद्दौला **पढ़ता है।** तज़्किराएसियासत...

यहाँ–वहाँ से पृष्ठ पलटता है। उत्साहित हो जाता है। शायर और दिमाग़ी को पास बैठने का संकेत करता है। दोनों उसके आसन के निकट घुटनों के बल बैठते हैं।

रफ़ीउद्दौला **किताब देखते हुए** लिखता है कि एक दानिशमन्द बादशाह को अपने वज़ीर, अमीरों और हाकिमों का ओहदा थोड़े वक़्फ़े के बाद तब्दील कर देना चाहिए... **बलपूर्वक** हाँ, ज़रूर कर देना चाहिए।. ..मैं करूँगा।...**किताब से** कोशिश यह होनी चाहिए कि किसी की जड़ें गहरी न होने पायें। बाअसर अमीरों को एक दूसरे के नज़दीक नहीं आने देना चाहिए और किसी को यह यक़ीन नहीं होने देना चाहिए कि...

अन्तिम पंक्तियों के दौरान हुसैनअली, आलम तथा दिलावर का प्रवेश। तीनों उसे लक्ष्य नहीं करते। हुसैनअली की अगली पंक्ति के बीच बहादुर खाँ का प्रवेश।

हुसैनअली **तीखे स्वर में** जहाँपनाह! अर्ज़ किया गया था कि सियासत से आपका कोई वास्ता नहीं होगा...**बहादुर से, क्रोधित स्वर में** क्या निगरानी रखते हैं आप?

बहादुर ख़ाँ जनाबेआली! घड़ी भर को हाज़त रफ़ा करने के लिए जाना पड़ा।

हुसैनअली **ग़ुस्से से रफ़ीउद्दौला की ओर देखते हुए** और इन्होंने इतनी ही देर में अपनी हाज़त का इज़हार कर दिया।

पुस्तक रफ़ीउद्दौला के हाथ से छीन लेता है। शायर एवं दिमाग़ी हड़बड़ाकर पीछे हटते हैं।

रफ़ीउद्दौला **बौखलाकर** इस क़दर बेअदबी...

हुसैनअली जिल्लेसुब्हानी को जब आगाह किया गया था, तो उन्होंने ऐसी हरकत क्यों की?

रफ़ीउद्दौला **क्रोध से** गोया कि हम अपनी पसन्द से एक किताब भी नहीं पढ़ सकते?

हुसैनअली **क्रूर नर्मी से** पढ़ने से किसने मना किया है मालिकेदोजहान? रूमी और हाफ़िज़ के दीवान पढ़िए, गुलिस्ताँ और बोस्ताँ के वरक़गर्दानी कीजिए, सही बुख़ारी का मुताला फ़रमाइए।

रफ़ीउद्दौला पर इन सफ़ों में ऐसा कौन–सा कुफ़्र है, जो...

हुसैनअली **मुस्कराता है।** बहुत ख़तरनाक शै है इनमें...जो आपके ख़ून में हरारत पैदा करेगी। आप तख़्तेताउस पर हैं, लेकिन उसके चारों पाये ज़मीन पर नहीं। इस हरारत के बाद आपको ज़मीन की तलाश होगी...और ज़मीन आपको मुहैया हो सकती है सिर्फ़...दो गज़...

जुम्मन का बावर्ची की वेशभूषा में प्रवेश।

जुम्मन **मुस्कान सहित** मीर बकावल जुम्मन पीरोमुर्शिद की तवज्जो का मुन्तज़िर है। रात के खाने में जिल्लेसुब्हानी क्या नोश फ़रमायेंगे? मुर्ग़मुसल्लम? मुर्ग़दोप्याज़ा? मुर्ग़ कबाब? मुर्ग़ हरीरा?

हुसैनअली **क्रूरता से** गोश्त की तासीर गर्म है और गर्मी आलीजाह को रास नहीं आती। बहुत ठण्डी चीज़ें बनाओ, जो पीरोमुर्शिद के दिलोदिमाग़ में सर्द कैफ़ियत तारी कर दें।

जुम्मन का प्रस्थान। विराम।

हुसैनअली **विचारपूर्ण स्वर में** लेकिन सवाल है कि यह किताब यहाँ आयी कैसे?

तीव्र दृष्टि से रफ़ीउद्दौला को देखता है।

रफ़ीउद्दौला **तुरन्त** मैंने मँगवायी है। इसमें और कोई शरीक नहीं।

हुसैनअली शायर एवं दिमाग़ी को देखता है।

रफ़ीउद्दौला मैंने कहा न, सिर्फ़ मैं ही ज़िम्मेदार हूँ।

हुसैनअली ग़ुस्से से रफ़ीउद्दौला को देखता है। फिर धीरे–धीरे शायर एवं दिमाग़ी की ओर बढ़ता है। वे त्रस्त हो पीछे हटते हैं। हुसैनअली झपटकर दोनों की गर्दन पकड़ लेता है।

हुसैनअली **क्रोध से** क्यों बे हक़ीरो! अदबोफ़न के कीड़ो!...एक ग़ज़ल से और दूसरा बहस से पेट भरता था। मैंने सोचा कि चलो, क़िलाए–मुअल्ला से पलने वालों में दो कुत्ते और बढ़ जायेंगे।...लेकिन नहीं, ये तो रोटी देने वाले हाथ को ही काटते हैं।

शायर **दयनीयता से** माफ़ कर दीजे जनाब!

दिमाग़ी **गिड़गिड़ाकर** हमसे बहुत बड़ी ख़ता हुई।

हुसैनअली यह किताब तुम पिल्ले ख़ुद लाने की हिम्मत तो कर नहीं सकते। बोलो, किस हरामख़ोर ने तुम्हें फुसलाया है?

शायर तथा दिमाग़ी एक–दूसरे को देखते हैं।

हुसैनअली बोलो हरामियो! वर्ना अभी एक लात मार कर नीचे जमुना में गिराता हूँ।

शायर **करुणा से** मेरी जान बचा लीजिए मीर बख़्शी! यह सब इस दिमाग़ी की करतूत है।

दिमाग़ी **क्रोध से** दोग़ला कहीं का! वे अशर्फ़ियाँ देखकर पहले तेरे मुँह में पानी नहीं भर आया था?

हुसैनअली **दोनों को झिंझोड़ते हुए** नाम बोलो ज़लीलो!

शायर बादशाह बेगम ने बन्दापरवर।

हुसैनअली **सोचते हुए** हूँ...तो बादशाह बेग़म ज़िन्दा है अभी!...साली छिपी कहाँ है कमीने?

शायर **दैन्य से** मुझे नहीं मालूम ग़रीबनवाज़!

हुसैनअली की निगाह आलम अली और दिलावर ख़ाँ से मिलती है। विराम।

हुसैनअली **दिमाग़ी से, नर्मी से** तुम अपनी अशर्फ़ियों का क्या करोगे?

दिमाग़ी **गद्‌गद भाव से** हुजूर की इजाज़त हो, तो मैं कटरा नील में तीन मंज़िला एक मकान ख़रीद लूँ।

हुसैनअली **शायर से** और तुम?

शायर **रुआँसी मुस्कान से** पचास अशर्फ़ियों से सबसे पहले तो अपना दीवान शाया करूँगा जनाब!

दिमाग़ी	**शायर से** आदाब अर्ज़ है।
	शायर हाथ से अभिवादन करता है।
हुसैनअली	**कड़ककर** आलम! दिलावर!
आलम अली	
दिलावर ख़ाँ	**साथ–साथ** जनाब!
हुसैनअली	दिमाग़ी को उसी मकान की बुनियाद में ज़िन्दा गाड़ दिया जाये, जिसे वह ख़रीदने वाला है।...और शायर की एक हज़ार अशर्फ़ियाँ पिघलाकर इसकी आँख, नाक, कान...और बदन के दूसरे छेदों में डाल दी जायें।
शायर	**समवेत, त्रस्त हो** रहम मीर बख़्शी!
दिमाग़ी	रहम!
रफ़ीउद्दौला	**आजिज़ी से** सज़ा बहुत सख़्त है मीर बख़्शी! आप ख़ुद ग़ौर करें...
हुसैनअली	**डपटकर** ख़ामोश...
	रफ़ीउद्दौला ठिठक जाता है। आलम अली एवं दिलावर ख़ाँ शायर तथा दिमाग़ी को ले जाने लगते हैं। 'रहम–रहम, मुझे नहीं चाहिए यह थैली...आप रख लो...अल्ला क़सम' की पुकारों के साथ प्रस्थान।
हुसैनअली	**बहादुर ख़ाँ से** ऐसी कोताही फिर न हो।
बहादुर ख़ाँ	**हाथ कानों से लगाते हुए** नहीं ग़रीबपरवर! **हुसैनअली का प्रस्थान। बहादुर ख़ाँ रफ़ीउद्दौला की ओर देखता है।**

बहादुर ख़ाँ किसी भी तरफ़ पाँच के बाद छठा क़दम मत बढ़ाइएगा...जहाँपनाह!

बहादुर ख़ाँ बैठकर ताश खेलने लगता है। रफ़ीउद्दौला बैठता है। स्थिर दृष्टि से सामने देखता है। एक टुकड़ा मुँह में रखता है। फिर दूसरा। फिर तीसरा। विराम। सहसा एक ओर लुढ़क जाता है। बहादुर ख़ाँ चौंककर उठता है। निकट आता है। झुककर देखता है। फिर घुटनों के बल ज़मीन पर बैठ दुआ के लिए हाथ ऊपर उठाता है। अन्धकार। दूसरे मंच–क्षेत्र में प्रकाश, जहाँ भाँड, नक़्क़ाल और बहुरूपिया गाते हुए आते हैं।

भाँड, नक़्क़ाल और बहुरूपिया **समवेत** अब्दुल्ला और अलीहुसैन
लूटा हिन्दुस्तान का चैन
काँख दबाया तख़्तेताउस
ज़ेब में रक्खा लाल क़िला
दारुल्मुल्क़ हथेली पर है
शाह ज़रे जूती क़िब्ला
कल का क़ैदी, आज शहंशाह,
शहंशाह को किया हलाल
तख़्ते से ले आय तख़्त पर
वापस भेजा बिला मलाल
शाह बनाये, शाह मिटाये
सुबह उठाये, शाम गिराये
सज्दे को सर पर बिठलाया

परचम झुके सलाम बनाये
आया शाह और गया शाह का
कब तक और तमाशा, बोलो?
कठपुतली–से शहज़ादों के
लम्बे धागे, खोलो खोलो
हाये रूहे तैमूरी अब
मार दुहत्थड़ करती बैन
अब्दुल्ला और अलीहुसैन
लूटा हिन्दुस्तान का चैन
आख़िर में गाने की अन्तिम पंक्तियाँ नारे का रूप ले लेती हैं। अन्धकार।

दृश्य तेईस

लाल क़िले का एक कक्ष। प्रकाश होने के साथ नेपथ्य से 'अब्दुल्ला और अलीहुसैन, लूटा हिन्दुस्तान का चैन' पंक्तियाँ सुनाई देती हैं। चिन्तित अब्दुल्ला ख़ाँ। नेपथ्य में शोर एवं पुकारें, 'बादशाह सलामत कहाँ हैं?', 'कितने दिन से झरोखा दर्शन नहीं हुए।' 'बादशाह सलामत! ...ज़िन्दाबाद।' रतनचन्द का प्रवेश।

रतनचन्द झरोखा दर्शन के लिए रैयत इकट्ठी हुई है।

अब्दुल्ला ख़ाँ कुछ ज़्यादा ही मालूम देती है भीड़!

रतनचन्द आज दसवाँ दिन है, सल्तनत बादशाह के बग़ैर चल रही है।

अब्दुल्ला ख़ाँ **आशंकित** अब तक तो अवाम तक भी भनक पहुँच चुकी होगी?

रतनचन्द अभी जब मैं आ रहा था, तब अजमेरी दरवाज़े, चाँदनी चौक और कोटला मुबारक में बड़े–बड़े मजमे देखे। हर जगह मज़्मून यही था...**विह्वल होकर** बड़े सैयद! इससे पहले कि पानी सर से गुज़र जाये, फ़ैसला कर दीजे।

गाने की ऊँची पंक्तियों के साथ हुसैनअली का प्रवेश। पीछे आलम अली एवं दिलावर ख़ाँ।

हुसैनअली **आशंकित–सा** लोगों की बेताबी बढ़ती ही जा रही है।

अब्दुल्ला ख़ाँ **आवेश में** रतनचन्द! तुम फ़ौरन सलीमगढ़ जाओ और किसी शहज़ादे को ले आओ।

रतनचन्द **भयभीत हो** मैं?

अब्दुल्ला ख़ाँ **उत्तेजना से** अवाम की बेताबी का कहीं कोई फ़ायदा न उठा ले!...इस वक़्त यहाँ न रह कर शायद मैं ज़िन्दगी की सबसे बड़ी ग़लती कर बैठूँ!...जाओ रतनचन्द, देर मत करो।

रतनचन्द का प्रस्थान। कुछ क्षणों के लिए नारे बढ़ जाते हैं।

हुसैनअली **दुर्बल स्वर में** शोर और बढ़ गया है।

अब्दुल्ला ख़ाँ आलम और दिलावर! तुम दोनों नीचे जाओ। अवाम से नर्मी के साथ कहना कि बादशाह सलामत झरोखे पर आने ही वाले हैं।

आलम अली एवं दिलावर ख़ाँ का प्रस्थान। नेपथ्य से भाँड, नक़्क़ाल और बहुरूपिया दुहराते हैं : 'आया शाह, गया शाह' पंक्ति।

अब्दुल्ला ख़ाँ **क्रोधित हो** बार–बार शहंशाह की तब्दीली दवामि–ए–हुकूमत के वास्ते ठीक नहीं। हमने कमान सँभाली थी अपने एक ख़्वाब को पूरा करने के

लिए। हर दो रोज़ के बाद एक नया बादशाह बनाकर अपनी ताक़त का वहशी नज़ारा दिखाने के लिए नहीं।

हुसैनअली **आत्मलीन–सा** आपको इस ताक़त का इज़हार अच्छा नहीं लगता?...मैंने तो जब से इसका अहसास किया है, अपने अन्दर जैसे एक नये किरदार को पैदा हुआ पाता हूँ...मेरे ख़ून में एक नया वलवला है, मेरी शमशीर पर गिरफ़्त दुगुनी मज़बूत...रात को यकायक मैं सोते–सोते जाग उठता हूँ, गोया कि यह कुव्वते नागहानी मुझसे बर्दाश्त नहीं होती...कि देखो, ये हैं वे हाथ, जो किसी भी माथे पर कोहेनूर सजा सकते हैं... बारहा मैं पैदा हुआ, एक अदना सिपाही का बेटा हिन्दुस्तान की तवारीख़ बना रहा है...

उपरोक्त संवाद के दौरान सिंहासन पर बैठ जाता है। पहले रौशन अख़्तर और अगले संवाद के अन्त में रतनचन्द का प्रवेश।

हुसैनअली **विभोर–सा** यहाँ बैठे हुए कितना फ़र्क़–सा लगता है...सब कुछ कितना नीचा और छोटा... **आत्मोन्मुख सामने देखता रहता है।** यह अहसास किस तरह आहिस्ता–आहिस्ता अन्दर जज़्ब होता जा रहा है...कैसी नामालूम–सी सिहरन है, जो ख़ुदी को नशीले हाथों सहला रही है...**अचानक उत्तेजित हो**

हमें ढाल की क्या ज़रूरत...हम क्यों न ख़ुद...?

अब्दुल्ला ख़ाँ **डपटकर** होश में आओ हुसैन! तुम अपना आपा खो बैठे हो।

हुसैनअली **आक्रोश से** मैं अपना आपा खो बैठा हूँ या आप अपनी अक़्ल खो बैठे हैं? कितने लोग हैं, जिन्हें तख़्त की नज़दीकी नसीब होती है...और हमारा तो इस पर क़ाबू है...बिल्कुल हाथ में आयी हुई हुकूमत...

अब्दुल्ला ख़ाँ **बीच में ही, क्रोधित हो** जान से हाथ धोना चाहता है नामुराद?

हुसैनअली **उत्तेजित हो** पहले भी ताक़तवर फ़ौजियों ने तख़्त पर क़ब्ज़ा किया है।

अब्दुल्ला ख़ाँ **उसी प्रकार** अवामे दिल्ली हमें क्योंकर कुबूल करेंगे?

हुसैनअली **तलवार निकालकर** शमशीर के ज़ोर पर!

अब्दुल्ला ख़ाँ शमशीर तुम्हारी हिफ़ाज़त नहीं कर पायेगी मीर बख़्शी!...निहत्थे लोगों के जज़्बात में जो धार होती है...

हुसैनअली **टोककर** एक मौक़ा लेकर तो देखें।

अब्दुल्ला ख़ाँ **नाराज़गी से** मौक़ा तो एक ही मिलना है बादशाह सलामत!

झपटकर हुसैनअली को तख़्त से हटाता है। अब्दुल्ला की निगाह रौशन अख़्तर पर जाती है।

अब्दुल्ला ख़ाँ **यकायक** तुम रौशन अख़्तर तो नहीं? बादशाह बेगम के मँगेतर?

रौशन अख़्तर हाँ! जनाबेआली!

अब्दुल्ला ख़ाँ यह तुम क्या कर बैठे रतनचन्द! मुझे याद है सलीमगढ़ में मैंने इसकी आँखों में जो वहशी चमक देखी थी...

ऊँचे नारों के साथ आलम और दिलावर का दौड़ते हुए प्रवेश।

आलम अली **बदहवास** अगर इसी लमहे झरोखे में बादशाह दिखाई नहीं दिया, तो क़यामत आ जायेगी।

अब्दुल्ला ख़ाँ या ख़ुदा! क्या ख़ुद सलीमगढ़ न जाकर मैं अपनी ज़िन्दगी की सबसे बड़ी ग़लती कर बैठा?

दिलावर ख़ाँ सबसे बड़ी ग़लती तो अब हो रही है बड़े सैयद!

आलम और दिलावर रौशन अख़्तर को झरोखे की ओर खींचते हैं।

अब्दुल्ला ख़ाँ **ज़ोर से** रुक जाओ। मुझे इस तख़्तनशीनी में अपनी तबाही दिखाई दे रही है।

आलम अली आपका अन्देशा देखते–देखते हक़ीक़त में बदल जायेगा...

अब्दुल्ला ख़ाँ **आगे झपटते हुए** आलम!...दिलावर!

रतनचन्द **लपककर अब्दुल्ला को पकड़ते हुए** लाल क़िला जलाकर ख़ाक कर दिया जायेगा, बड़े सैयद! **रौशन अख़्तर झरोखे के पास पहुँचता है। एक झटके में अपने को ऐसे छुड़ाता है कि आलम एवं दिलावर लड़खड़ा जाते हैं। रौशन अख़्तर झरोखे में पहुँचता है। हाथ उठाता है।**

नक़ीब **नेपथ्य** में अबुल मुज़फ़्फ़र, नसीरुद्दीन, मुहम्मद शाह, बादशाह ग़ाज़ी...

समवेत **नेपथ्य में** बादशाह सलामत...बादशाह सलामत... बादशाह सलामत... बादशाह सलामत...

क़सीदा 'ये जश्ने तमन्ना मुबारक मुबारक' नेपथ्य से कई लोगों द्वारा दुहराया जाता है। अँधेरे के साथ डौंडी पीटी जाने लगती है। दूसरे मंच क्षेत्र में प्रकाश होता है।

डौंडी पीटने वाला ख़ल्क़ ख़ुदा का, अहद बादशाह का, हुक़्म भी बादशाह का...खालसा ज़मीन इजारे में नहीं दी जायेगी, जैसा कि अब तक होता रहा है। जो खालसा ज़मीन जागीरदारों के पास है, वह हुकूमत वापस ले लेगी। सैरहासिल जागीरों पर क़ब्ज़ा करने की हिम्मत कोई न करे।...रैयत को इत्तिला दी जाती है कि जायज़ काम के लिए किसी भी हाकिम को शुकराना न दिया जाये, चाहे उसका ओहदा कितना ही ऊँचा क्यों न हो।...ख़ल्क़ ख़ुदा का, अहद बादशाह का, हुक़्म भी बादशाह का...

अन्धकार।

दृश्य चौबीस

लाल क़िले का एक कक्ष। मुहम्मद शाह (रौशन अख़्तर) तथा बादशाह बेगम का प्रवेश। दोनों एकटक एक–दूसरे को देखे जा रहे हैं। मुहम्मद शाह बादशाह बेग़म का हाथ थामता है। होंठों से छुआता है। फिर बादशाह बेगम के कपोलों पर हाथ रख उसका चेहरा ऊपर उठाता है। अचानक विह्वल हो बादशाह बेगम को दृढ़ आलिंगन में बाँध लेता है। कुछ क्षणों बाद बादशाह बेगम उसे झटक देती है।

बादशाह बेगम नहीं...यह सिर्फ़ औरत का जिस्म है– ठण्डा, बेहिस्सोहरकत...इसे चीरो, तो जज़्बात की आँच से तपता ख़ून नहीं, इन्तिक़ाम का सर्द ज़हर निकलेगा।... सैयदों की आख़िरी हिचकी मुझे बख़्शेगी–मेरे ख़्वाबों की रअनाई, मेरे ख़यालों की शोख़ी...

चिनक़ुलीच ख़ाँ तथा अमीन ख़ाँ का प्रवेश।

चिनक़ुलीच ख़ाँ **अभिवादन करते हुए साथ–साथ**

अमीन ख़ाँ मुबारक हो!

बादशाह बेगम खुशामदीद निज़ामुल्मुल्क़!

अमीन ख़ाँ हम फिर क्यों न हाज़िर हों!... इज़्दवादी ज़िन्दगी की मुबारक शुरुआत के रंगारंग ख़्वाब तारीकिये सियासत से धुँधला न जायेंगे।

मुहम्मद शाह **उदास स्मित से** यही मुक़द्दर है हमारा!

चिनक़ुलीच ख़ाँ जनाब फ़र्रुख़सियर के निकाह के वक़्त भी बिल्कुल यही आलम था। वलीमे के दौरान जहाँदार शाह की एक टुकड़ी ने चारों तरफ़ से घेर लिया था। मैं बड़ी मुश्किल से फ़र्रुख़सियर को बचाकर जौनपुर ले गया था।

बादशाह बेगम आपने मरहूम फ़र्रुख़सियर का साथ दिया था, यह समझते हुए कि जहाँदार बादशाहत के क़ाबिल नहीं।

मुहम्मद शाह और फिर भी अब्दुल्ला की यह मजाल कि आपसे दकन की सूबेदारी छीन ली।

अमीन ख़ाँ यह जानते हुए कि तूरानी ताक़त के बिना उन्हें सामूगढ़ की जंग में कामयाबी नहीं मिल सकती थी।

चिनक़ुलीच ख़ाँ **धीमे स्वर में** बड़े सैयद को ज़रूर कोई ग़लतफ़हमी हुई है।

बादशाह बेगम कोई ग़लतफ़हमी नहीं है निज़ामुल्मुल्क़! बहुत ही ठण्डे दिमाग़ से वज़ादार अमीरों के सूबे तब्दील करने की साज़िश है। छबेलाराम नागर के बारे में सुना होगा आपने?

अमीन ख़ाँ हाँ, उन्हें हुक़्म मिला है कि इलाहाबाद छोड़कर अवध की सूबेदारी सँभाल लें।

चिनकुलीच ख़ाँ **बेज़ारी से** दरबारे दिल्ली की यह फ़िज़ा मुझे बिल्कुल रास नहीं आती।

बादशाह बेगम दरबारे दिल्ली की फ़िज़ा हमें भी बिल्कुल रास नहीं आती, तो क्यों न इसे तब्दील कर दिया जाये?

चिनकुलीच ख़ाँ **गम्भीर स्वर में** मतलब क्या है आपका?

बादशाह बेगम **आवेग में** आप जानबूझकर अपनी जुबान पर वे लफ़्ज़ नहीं लाना चाहते, लेकिन हम मजबूर हैं।...हमारी रंगों में वही लहू है, जिससे सल्तनते मुग़लिया की हद सींची गयी है। लेकिन आज हमारी सल्तनत की हद क्या है? लालक़िले के हरम की वह दो गज़ ज़मीन भी नहीं, जहाँ हम जीते जी दफ़ना दिये गये हैं और वे वज़ादार अमीर ख़ामोश हैं, जिनके हाथों में आज सल्तनत की असली ताक़त है।

चिनकुलीच ख़ाँ हमने उस सियासत की विरासत पायी है, जो क़द्रे इन्सानी हलाक़ नहीं करती।

बादशाह बेगम क्या सैयदों की हुकूमत में क़द्रेइन्सानी दिन दूनी रात चौगुनी बढ़ रही है?

चिनकुलीच ख़ाँ न सही, पर बदलती फ़िज़ा के साथ हमने कभी अपने गुट नहीं बदले।

मुहम्मद शाह इसी वास्ते शहंशाहे हिन्दुस्तान आपके रू–ब–रू दस्तबस्ता है निज़ामुल्मुल्क़!

बादशाह बेगम आप जो कुछ करेंगे, उसका मक़सद होगा–बादशाह को उसकी बादशाहत वापस दिलाना।

अमीन ख़ाँ **उत्तेजित हो** आपकी हाँ पर तूरानी क़ौम के तारीख़ी अहद का आग़ाज़ होगा।

चिनकुलीच ख़ाँ विचारलीन है। जयसिंह का प्रवेश। अभिवादन करता है।

जयसिंह क्षमा कीजिए। आने में देर हुई। बड़े सैयद ने सभी अमीरों को रामलीला देखने का न्योता दिया था। मैंने सोचा कि न जाकर इस बात का प्रचार क्यों करूँ कि हम उनके विरुद्ध हैं।

चिनकुलीच ख़ाँ ख़बर है कि अवाम में अब्दुल्ला का तौर–तरीक़ा काफ़ी मक़बूल हो रहा है?

अमीन ख़ाँ हाँ जनाब!

जयसिंह पड़पड़गंज में एक नहर, औरंगाबाद में बहुत बड़ा तालाब, बारहा गाँव में सराय और पुल, शकरपुर में पाठशाला, पलवल में औषधालय...ऐसी चालाकियों की सूची काफ़ी लम्बी है।

विराम।

बादशाह बेगम सैयदों की मक़बूलियत हमें बहुत महँगी पड़ेगी।

चिनकुलीच ख़ाँ कोशिश यह होनी चाहिए कि अन्दरूनी मोर्चे पर अब्दुल्ला के लिए मुसल्सल मुश्किलें आती जायें, ताकि हुकूमत का ज़्यादा–से–ज़्यादा काम रतनचन्द देखे।

मुहम्मद शाह लेकिन बड़े सैयद को मसरूफ़ कहाँ किया जाये?

बादशाह बेगम दो रोज़ पहले अकबराबाद से ख़बर आयी है कि मित्रसेन ने मुहम्मद अकबर के बेटे नेकूसियर की बादशाहत का ऐलान किया है। अगर उसे पचास हज़ार अशर्फ़ियाँ मिल जायें, तो वह कामचलाऊ फ़ौज का बन्दोबस्त कर सकता है।

मुहम्मद शाह पर पचास हज़ार अशर्फ़ियों का इन्तिज़ाम?

अमीन ख़ाँ **कुछ सोचकर** एक सूरत है और ऐसी कि उससे सैयदों के ख़िलाफ़ हिन्दू जज़्बात भी भड़क सकते हैं। पिछले हफ़्ते क़ाजी ने फ़ैसला दिया है कि एक हिन्दू लड़की सावित्री मुसलमान मानी जानी चाहिए, क्योंकि अपने बाप के इस्लाम क़बूल करते वक़्त वह नाबालिग़ थी, लेकिन सर्दुल्सद्र का फ़ैसला है कि माहवारी बालिग़ होने की अकेली निशानी नहीं। राय एक न हो पाने की वजह से लड़की को फ़िलहाल गली भैरोंवाली के सेठ जीवनदास के यहाँ भेज दिया गया है।

चिनक़ुलीच ख़ाँ सेठ के यहाँ भेजने की तज्वीज़ किसकी थी?

अमीन ख़ाँ बड़े सैयद की।

बादशाह बेगम तो?

अमीन ख़ाँ लड़की को ग़ायब क़रके सेठ से पचास हज़ार अशर्फ़ियों की फिरौती माँगी जाये और हासिल हो जाने पर लड़की की लाश किसी मस्जिद से बरामद कर ली जाय।

सब चिनक़ुलीच ख़ाँ की ओर देखते हैं।

चिनक़ुलीच ख़ाँ तो दुरुस्त है हाज़रीन।...सैयद बिरादरान के ख़िलाफ़ पहली मुहिम खोल दी जाय!

अन्धकार।

दृश्य पच्चीस

अब्दुल्ला ख़ाँ के भवन का एक कक्ष। अब्दुल्ला ख़ाँ अकेला। हाथ में चषक। गोली का प्रवेश।

गोली — **अब्दुल्ला ख़ाँ से** राजकुमारी इन्द्रकुँवर जोधपुर जाने से पहले आपसे मिलना चाहती हैं।

अब्दुल्ला ख़ाँ — **चौंककर** जोधपुर...? **ठहरकर** ले आओ।

गोली का प्रस्थान। विराम। मुहम्मद शाह तथा बादशाह बेगम का प्रवेश। पीछे अमीन ख़ाँ।

बादशाह बेगम — निकाह के बाद सलाम के लिए हाज़िर हुए हैं।

अब्दुल्ला स्थिर दृष्टि से बादशाह बेगम एवं मुहम्मद शाह को देखता है।

अब्दुल्ला ख़ाँ — **जेब से थैली निकालकर मुहम्मद शाह की ओर बढ़ाते हुए** सलामी हाज़िर है। पर मुझे ख़बर भी नहीं की?

बादशाह बेगम — **हल्के व्यंग्य से** हमने सोचा कि आप अपने ख़्वाब और मिट्‌टी में जज़्ब होंगे।

मुहम्मद शाह थैली जेब में रखता है। अब्दुल्ला ख़ाँ भर कर चषक देता है। हुसैनअली का प्रवेश।

मुहम्मद शाह सुना है, सबाये अकबराबाद से बग़ावत की बू आ रही है?

बादशाह बेगम **हल्की हँसी से** मित्रसेन को हकीमी का आरामदेह ओहदा छोड़कर काँटों भरी विज़ारत हासिल करने की क्यों सूझी?

अब्दुल्ला ख़ाँ **वैसी ही मुस्कान से** शायद उन्हें काँटों की चुभन का अहसास नहीं।

अमीन ख़ाँ **मुस्कराते हुए** और सात हज़ारी मंसब के साथ लक़ब भी रखा है—राजा बीरबल! जैसे बीरबल का नाम जोड़ लेने से उनकी ज़हानत भी नसीब हो जायेगी।

मुहम्मद शाह मित्रसेन की इतनी हिम्मत कैसे हुई बड़े सैयद?

अब्दुल्ला अर्थपूर्ण दृष्टि से मुहम्मद शाह को देखता है।

अब्दुल्ला ख़ाँ हुकूमत की पहली क़तार के इर्द—गिर्द रहने वालों में अपना नसीब बदलने को वहशत पायी ही जाती है।

हैदरबेग का प्रवेश।

हुसैनअली **आवेश में** ओह हैदरबेग!

हैदरबेग **मुस्कान सहित** आदाब बजा लाता हूँ।

हुसैनअली **हाथ फैलाते हुए** आदाब नहीं भई, गले मिलो।

दोनों गले मिलते हैं। हैदरबेग दूसरों को अभिवादन करता है।

हुसैनअली रास्ते में कोई तकलीफ़ तो नहीं हुई?

हैदरबेग नहीं जनाब! बस, आपका पैग़ाम मिला और हवा पर सवार हो हाज़िर हो गया।

हुसैनअली **हैदरबेग की ओर संकेत के साथ** आप हैं मेरे वास्ते सरापा यक़ीन–जनाब हैदरबेग...

मुहम्मद शाह **हल्की मुस्कान से** ख़ुशक़िस्मत हैं आप, जो आपको दौरेहाज़िर में यक़ीन नसीब है।

हुसैनअली मुस्कराता है।

हुसैनअली **हैदरबेग से** अकेले ही आये हो या...?

हैदरबेग अभी तो अकेला ही हूँ जनाब!

हुसैनअली मेरे साथ ही क़याम करना।

हैदरबेग जो हुक़्म!

हुसैनअली थोड़ी देर रुको। साथ ही घर चलते हैं।

हैदरबेग **क्षमा की मुस्कान से** मैं ज़रा पहले निकल जाऊँ? मस्जिदेजामा की तरफ़ से?...मग़रिब की नमाज़ का वक़्त हो रहा है।

हुसैनअली ओफ़्फो, मैं तो भूल ही जाता हूँ कि इस्लाम तुम्हारे ही काँधों पर टिका हुआ है।...

इन्द्रकुँवर का प्रवेश। पीछे गोली।

इन्द्रकुँवर **अब्दुल्ला ख़ाँ से** मेरे पिता तो मुझे भूल ही गये हैं। मैं सोचती थी कि शायद आपको याद आ जाये कि रनिवास में एक अभागी ऐसी भी है, जो... **सिसकी लेती है।**

अब्दुल्ला ख़ाँ क्षमा करना बेटी!

इन्द्रकुँवर मैं वापस जोधपुर जाना चाहती हूँ–शुद्धि के बाद अपने पुराने नाम इन्द्रकुँवर के साथ।

अब्दुल्ला ख़ाँ ज़रूर...

हैदरबेग **चौंक कर हुसैनअली!**

इन्द्रकुँवर के दुःख से अभिभूत अब्दुल्ला ख़ाँ सबकी उपस्थिति भूला है।

अब्दुल्ला ख़ाँ **इन्द्रकुँवर के सिर पर हाथ रखते हुए** ज़रूर... जिस मक़सद से मैं तुम्हें लाया था, वे तो ख़ैर पूरा न हो सका ...लेकिन कल ही मैं तुम्हारे पुराने नाम के साथ तुम्हें...

हैदरबेग **उत्तेजित हो हुसैनअली से** क्या यह सब आपकी रज़ामन्दी से हो रहा है? ...लगता है कि पटना से दिल्ली आकर मैंने बहुत बड़ी ग़लती की।

प्रस्थान। हैदरबेग की प्रतिक्रिया पर उसके संवाद के दौरान ही बादशाह बेगम और मुहम्मद शाह की दृष्टि मिलती है। बादशाह बेगम मुहम्मदशाह की ओर देखती हुई मुस्कराती है। अन्धकार।

दृश्य छब्बीस

लाल क़िले का एक कक्ष। बादशाह बेगम ख़ंजर चिनकुलीच को देती है। वह उसकी धार परखता है।

चिनकुलीच ख़ाँ धार बहुत तेज़ है मलिकाउज़्ज़मानी! लेकिन एक दो सीनों के वास्ते फिर भी काफ़ी नहीं होगी।

मुहम्मद शाह तो वार को दो हिस्सों में तक़सीम कर दें?

जयसिंह पहले छोटा सीना...

अमीन ख़ाँ उस तक रसाई आसां नहीं। आलम और दिलावर साये की मानिन्द साथ रहते हैं।...शक्की इतना है कि यार–दोस्तों से गले भी नहीं मिलता।

बादशाह बेगम ईद के मौक़े पर भी नहीं?

अमीन ख़ाँ **हल्की स्मित से** अपनी बीवी के अलावा और किसी से नहीं।

बादशाह बेगम **अर्थपूर्ण मुस्कान से** एक है, जिससे मिलेगा...हैदर बेग...

क्षणिक विराम।

बादशाह बेगम **हल्की मुस्कान से** सिर्फ़ एक जुमला काफ़ी होगा–इस्लाम ख़तरे में है!

विराम।

मुहम्मद शाह अब यह तय कर लिया जाये कि हमारा तर्ज़ेअमल क्या होगा?

चिनक़ुलीच ख़ाँ मैं दकन के लिए रवाना होता हूँ। जयसिंह अपनी फ़ौज के साथ ग्वालियर पहुँचें। बादशाह सलामत और साहबज़ादी बेगम शिकार का बहाना कर सिउली के लिए निकलें और अकबराबाद पहुँच जायें। ईद के एक दिन बाद अमीन ख़ाँ हसनपुर के बहाने से चलें...और शाही फ़ौज की कमान सँभाल लें।

बादशाह बेगम चिनक़ुलीच ख़ाँ से ख़ंजर लेती है।

बादशाह बेगम **कटार से खेलते हुए** इसके सुर्ख़रू होने के बाद बड़े सैयद का रवैया क्या होना चाहिए?

चिनक़ुलीच ख़ाँ अब्दुल्ला ख़ाँ सबसे पहले किसी शहज़ादे को तख़्त पर बैठायेगा। तब तक उसे मेरी बग़ावत की ख़बर मिल चुकी होगी। तो वह आलम या दिलावर को तीन–चौथाई फ़ौज के साथ दकन भेजेगा...या हो सकता है, दोनों को ही भेज दे। यह भी दानिशमंदाना दाँव होगा कि वह दोनों को अलग–अलग रास्तों से दकन भेजे। इसके बाद अब्दुल्ला बची–खुची फ़ौज लेकर और दिल्ली में थोड़ी भर्ती करने के बाद अकबराबाद के लिए रवाना होगा।

बादशाह बेगम और बड़े सैयद के दोस्त बालाजी विश्वनाथ?

चिनक़लीच ख़ाँ बालाजी का हिन्दू पदपादशाही का ख़्वाब है, इसलिए वह दकन में अब्दुल्ला की मदद कम ही करेगा। चूड़ामन के तक़रीबन तीस हज़ार सिपाही ज़रूर साथ होंगे।...पूरे मंसूबे में सिर्फ़ एक पेच है और वह अजीत सिंह। अब्दुल्ला अजीत सिंह से क्या करने को कहेगा?... अगर अजीत सिंह की फ़ौज अब्दुल्ला के साथ है, तो शाही फ़ौज पर भारी पड़ती है–वह अजमेर से निकलकर जयसिंह को कुचलती हुई अकबराबाद आ सकती है...या दकन भेजी फ़ौज के साथ मिलते हुए औरंगाबाद पार कर मेरी जान साँसत में डाल सकती है...

विराम।

जयसिंह **विचारपूर्ण ढंग से** अजीत सिंह...

अमीन ख़ाँ अजीत सिंह को सैयदों से काटना जितना ज़रूरी है...उतना ही मुश्किल...

विराम। बादशाह बेगम ताली बजाती है। सहमे हुए अभय सिंह का प्रवेश। अभिवादन करता है।

बादशाह बेगम कुँवर साहब! शहंशाह सलामत आपको यह क़ौल देते हैं कि आपके वालिद के बाद आपको जोधपुर का महाराज तस्लीम किया जायेगा और दस हज़ारी मंसब के साथ गुजरात की सूबेदारी अता की जायेगी। उसे आपका नुमाइन्दा सँभालेगा और आप हमारे जाँनवाज़ दोस्त बनकर दरबारे दिल्ली की ज़ीनत दोबाला करेंगे।

अभय सिंह **आवेश में** क्या सचमुच ऐसा हो सकता है?

मुहम्मद शाह **तुरन्त** बिला शक।

बादशाह बेगम **नर्म स्वर में** आप बहन को पहुँचाने मारवाड़ जा रहे हैं न?

अभय सिंह **गिरे स्वर में** लाचार होकर जाना पड़ रहा है।

बादशाह बेगम **चाँदी की डिब्बी दिखाते हुए** खानदाने मुग़लिया की यह भी एक शाहकार है–तख़्तेताउस और कोहेनूर की मानिन्द। खाने–पीने की किसी चीज़ में बस एक चुटकी मिला देने से...

अभय सिंह आतंकित हो डिब्बी को देखता रहता है। हाथ तनिक आगे बढ़ता है, फिर पीछे आ जाता है। मुहम्मद शाह आगे आता है। अभय सिंह की दृष्टि उससे मिलती है। वह यकायक झपटकर डिब्बी ले लेता है।

अन्धकार।

दृश्य सत्ताईस

अब्दुल्ला ख़ाँ के भवन का एक कक्ष। नेपथ्य से क्रोधित स्वर सुनाई देते हैं। 'ज़िन्दा सावित्री वापस लाओ', 'जीवनदास को फाँसी दो', 'लड़की मस्जिद कैसे पहुँची?', 'अब्दुल्ला ख़ाँ...हाय हाय...', 'हुसैनअली...हाय हाय...'! प्रकाश।

हुसैनअली मुसलमान तो आपसे नाख़ुश थे ही। अब हिन्दू भी आपके ख़िलाफ़ हो गये हैं।

अब्दुल्ला ख़ाँ चुप रहता है।

हुसैनअली हर चार रोज़ के बाद आप अपने दुश्मनों की ताक़त में इज़ाफ़ा कर लेते हैं—और मेरे भी!

अब्दुल्ला ख़ाँ चौंक कर देखता है।

अब्दुल्ला ख़ाँ क्या कहा है तुमने?

हुसैनअली **बौखलाया हुआ** ठीक कहा है मैंने। हमारी हुकूमत में दरार पड़ने लगी है।

अब्दुल्ला ख़ाँ **शान्ति से** तो ठीक है। अगर अपना ख़्वाब पूरा करने की ख़ातिर...

हुसैनअली **उत्तेजित स्वर में, बात काटकर** लेकिन यह आपका ख़्वाब है, मेरा नहीं।

विराम।

अब्दुल्ला ख़ाँ **भर्राये स्वर में** हुसैन!

अगले संवाद के बीच पीछे बानो दिखाई देती है।

हुसैनअली **वैसे ही** मेरा ख़्वाब बहुत छोटा है और वह कई गुना ज़्यादा पूरा हो चुका है। हक़ीक़त तो यह है कि मुझसे मौजूदा ही नहीं सँभलता। बहुत सख़्ती से बन्द की है मैंने अपनी मुट्ठी, लेकिन बार–बार लगता है कि दरार में से कुछ...इतने बड़े सूबे की मिल्कियत, फ़ौज की आला कमान, दरबार में इतनी असरदार जगह ...**विह्वल होकर** रात को सोते–सोते मेरी नींद खुल जाती है...लगता है कि कोई कटार लिए मेरी जानिब बढ़ रहा है। काश, मेरी हैसियत थोड़ी कम हो जाये, लेकिन बख़ुदा, मेरा मौजूदा बना रहे...मैं आपके जैसा सख़्त जान नहीं। मुझे अपने घर से बेहद प्यार है।

अब्दुल्ला ख़ाँ कोई तुम्हें तुम्हारे घर से छीन नहीं रहा।

हुसैनअली **ऊँचे स्वर में** छीन रहा है–आपका यह ख़तरनाक ख़्वाब...जिसकी ताबीर है फ़ाँसी का तख़्ता!

अब्दुल्ला ख़ाँ **स्थिर स्वर में** ख़्वाब की हर ताबीर मुझे कुबूल है।

हुसैनअली **बिफरकर** लेकिन मुझे नहीं और इसीलिए आपको अपना यह ख़्वाब मंसूख़ करना होगा।

अब्दुल्ला ख़ाँ **डपटकर** हुसैन!

हुसैनअली **आक्रोश से** मैं बहुत ख़ामोश रहा हूँ।... दिल्ली आने के बाद आपने जुल्फ़िक़ार

की हवेली ले ली–यह जानते हुए भी कि वह बानो को बेहद पसन्द थी। क्यों?...क्योंकि वहाँ करोड़ों का ख़ज़ाना छिपा हुआ था।

अब्दुल्ला ख़ाँ **क्षुब्ध हो** तुम इन अफ़वाहों में यक़ीन करते हो?

हुसैनअली **अपनी ही रौ में** नेकूसियर की बग़ावत के बाद अकबराबाद की दौलत...दूसरों से छीने मंसबो–ओहदे अपने वफ़ादारों को देना...हिन्दुओं के साथ सर जोड़कर सारे फ़ैसले ख़ुद करना...

अब्दुल्ला ख़ाँ **अवेश में** हुसैन! तुम अपने आपे में नहीं हो।

हुसैनअली **वैसे ही ऊँचे स्वर में** लेकिन बर्दाश्त की भी एक हद होती है और वह हद आज आन पहुँची है।

अब्दुल्ला ख़ाँ **क्रोधित स्वर में** हुसैन! तुम दुश्मनों की साज़िश का शिकार बन गये हो। वे जानते हैं अच्छी तरह कि जिस लम्हे हमारे दिलों में ख़राश पड़ी, हमें गाजर–मूली की मानिन्द काटा जा सकता है...**हुसैनअली के कन्धे पर हाथ रखता है। भरे स्वर में।** हुसैन!.. ..मेरे भाई!... **हुसैनअली परे हट जाता है।**

अब्दुल्ला ख़ाँ **भावविह्वल हो** हम ग़रीब घर के हैं हुसैन! हमारे माँ–बाप ने हमें अपने मुँह का निवाला देकर पाला है। हमने तंगदस्ती साथ–साथ देखी है। हमने

दर्दोग़म के थपेड़े एक साथ खाये हैं!...हमारे ख़ानदान की रिवायत में तख़्तोताज की ख़ूँरेज़ तक़सीम नहीं, सूखी रोटी बाँटने की ख़ुशी है।

हुसैनअली **उत्तेजित हो** मैं उसी सूखी रोटी का वास्ता देता हूँ आपको! अपने इस वहशी ख़्वाब को दफ़न कर दीजे।

अब्दुल्ला ख़ाँ **समतल स्वर में** मैं और तुम दफ़न हो सकते हैं, लेकिन यह ख़्वाब नहीं।

हुसैनअली **तलवार निकालकर, उन्माद से** तो फिर आइए...बजाय इसके कि दुश्मनों को हमें कुत्ते की मानिन्द मारने की मसर्रत मिले, हम अपने आप ही...**वार करता है। अब्दुल्ला ख़ाँ वार बचाते हुए अपनी तलवार निकाल लेता है।**

अब्दुल्ला ख़ाँ **आक्रोश से** तुम हमेशा के नादान हो हुसैन! लेकिन नादानी की भी हद होती है।

कुछ क्षणों की तलवारबाज़ी। रतनचन्द का झपटकर प्रवेश।

रतनचन्द **ऊँचे स्वर में** आप लोग पागल हो गये हैं क्या?

हुसैनअली **डाँटकर** तू बीच में मत बोल बदज़ात! **रतनचन्द दोनों के बीच में आ जाता है।**

रतनचन्द मार डालो छोटे सैयद! मार डालो!... तीस साल जिस घर का नमक खाया है, उसी के एक नासमझ के हाथों...

सामने खड़ा रहता है। हुसैनअली तलवार नीची कर लेता है।

हुसैनअली **खीझे स्वर में** नासमझ मैं हूँ या ये?

रतनचन्द नासमझ आप दोनों हैं। अगर कोई ख़ंजर अभी तक आपके सीने में नहीं घोंपा गया, तो उसकी सिर्फ़ एक वजह है—आप दोनों का इत्तिहाद...और जिस लम्हे दुश्मन को हवा लगी कि आप दोनों के दिल खट्टे हो चुके हैं, उसी लम्हे ...**अब्दुल्ला अपनी तलवार म्यान में डाल लेता है। हुसैनअली रतनचन्द को देखता है। फिर अपनी तलवार म्यान में रख लेता है।**

रतनचन्द **दोनों का एक—एक हाथ थामकर** चलिए, दोनों भाई गले मिलिए।

अब्दुल्ला एवं हुसैनअली की दृष्टि मिलती है। हुसैनअली अपना हाथ छुड़ा लेता है। हैदरबेग का प्रवेश। उसे देखते ही हुसैनअली गले मिलने के लिए हाथ फैलाता है। गले मिलते हुए हैदरबेग हुसैनअली के सीने में कटार घोंप देता है और तेज़ी से अब्दुल्ला ख़ाँ की ओर झपटता है। रतनचन्द उस पर क़ाबू पाता है। अब्दुल्ला हुसैनअली के पास आता है। हुसैनअली अब्दुल्ला ख़ाँ की गोद में दम तोड़ देता है। अन्धकार। दूसरे मंच क्षेत्र में भाँड, नक़्क़ाल और बहुरूपिये की

छायाकृतियाँ आलोकित होती हैं। एक गाता है, बाक़ी दोनों टेक पर साथ देते हैं।

भाँड, नक़्क़ाल और बहुरूपिया मेहताबी आफ़्ताब है दिल्ली, मेरी दिल्ली
टूटा हुआ–सा ख़्वाब है दिल्ली, मेरी दिल्ली
एक धूल भरा ज़ख़्म है, सिज्दे में झुका सर ठहरी हुई–सी चीख़ है दिल्ली, मेरी दिल्ली अश्कों की तरह आये–गये कितने ही ग़मख़्वार वैसे ही महवे–सोग़ है दिल्ली, मेरी दिल्ली।

अन्धकार।

दृश्य अट्ठाईस

अब्दुल्ला ख़ाँ के भवन का एक कक्ष। अब्दुल्ला ख़ाँ, आलम अली और दिलावर ख़ाँ। बानो का रोते हुए प्रवेश। उसका रुदन–'ठहरी हुई सी–चीख़' के साथ शुरू हो सकता है।

बानो **बिफरी हुई, अब्दुल्ला से** अब कलेजा ठण्डा हो गया तुम्हारा?

अब्दुल्ला ख़ाँ **धीमे स्वर में** अन्दर जाओ बानो!

बानो अब तो वहीं जाऊँगी जहाँ मेरा सरताज गया है।

अब्दुल्ला ख़ाँ **ठण्डे स्वर में** तुम आपे में नहीं हो।

बानो **बिफरकर** आपे में कैसे रहूँ जब भाई का ख़ून पीने वाला जीता–जागता सामने खड़ा हो?

अब्दुल्ला ख़ाँ बेवकूफ़ औरत! तू अपना होश खो बैठी है।

बानो **चीख़कर** होश खो बैठा था तेरा भाई। नादान ने हमेशा तुझ पर एतबार किया। भोले–भाले को क्या पता कि तू दौलत और रुतबे में उसका आधा हक़ देने के बजाय उसकी पूरी ज़िन्दगी...

अब्दुल्ला ख़ाँ — **बीच में नाराज़गी से** ख़ुदा के वास्ते जाओ यहाँ से...तुम्हें नहीं मालूम कि मैं बारहा ख़ानदान को ग़र्क़ होने से बचाने की आख़िरी कोशिश में मुब्तिला हूँ!

बानो — **उत्तेजना से** ग़र्क़ हो चुका बारहा ख़ानदान! जिस लम्हे मेरे सरताज के सीने में कटार घोंपी गयी, बारहा ख़ानदान हमेशा–हमेशा के लिए तबाह हो गया!...और अब तेरा भी वही अंजाम होगा।

तीनों बेगमें आकर बानो को भीतर ले जाने की कोशिश करती हैं। वह तीनों को झटककर द्रुत गति से बाहर निकल जाती है। तीनों बेगमें अन्दर चली जाती हैं।

अब्दुल्ला ख़ाँ — **धीमे स्वर में** आलम! दिलावर! आख़िरी कोशिश में मेरा साथ दोगे?

आलम अली — **कुछ ठहरकर** हुसैनअली की ख़ातिर... **विराम।**

दिलावर ख़ाँ — **रुखाई से** हमें क्या करना है?

अब्दुल्ला ख़ाँ — सल्तनत बग़ैर बादशाह के नहीं हो सकती।

आलम अली — इन चोचलों में हमारी कोई दिलचस्पी नहीं जनाब!

दिलावर ख़ाँ — आप सिर्फ़ यह बता दीजे कि हमें जाना कहाँ है?

अब्दुल्ला ख़ाँ — सबसे अहम मोर्चा निज़ामुल्मुल्क़ का है। आप दोनों ही दकन को कूच करें–आलम अली शुमाल से और दिलावर ख़ाँ जुनूब

के रास्ते। कामयाबी तब मिल सकती है, अगर ये दो फ़ौजें चक्की के दो पाटों की तरह निज़ामुल्मुल्क़ को पीस दें।

दिलावर ख़ाँ मराठों से हम कितनी मदद की उम्मीद रखें?

अब्दुल्ला ख़ाँ कम!...चूड़ामन हमारे साथ होंगे और अब तक अजीत सिंह को हमारा पैग़ाम मिल चुका होगा।

आलम अली एवं दिलावर ख़ाँ की दृष्टि मिलती है। दोनों का प्रस्थान। विराम। बड़ी, मँझली और छोटी बेगम का प्रवेश।

विराम।

अब्दुल्ला ख़ाँ आप लोग सामने हैं, तो गोया मेरा माज़ी मेरे सामने है। खुशगवार आलम के शीरीं नग़्मे...गिरांबार वक़्त का ख़ामोश तल्ख़ी...आपके साथ मैंने वक़्त का मिज़ाज पहचाना है—और अपना माद्‌दा...दुनियाओजहान के...तर्ज़ेअमल पर उँगली रखी है—और अपने अहसासो—जज़्बात पर! चुनाँचे आपसे जुदा होना गोया अपने वजूद के उस हिस्से से जुदा होना है, जो गहरे और तीखे तजुर्बों में शरीक था...

मँझली सिसकी लेती है।

अब्दुल्ला ख़ाँ जाओ बेगम, जाओ—महफ़ूज़ गाँव में... बानो का ख़याल रखना...और हमारी तरफ़ से सज्दएताज़ीम करना—दरख़्तों

के उन झुरमुट, बहते हुए चश्मे और सोंधी मिट्टी को...**तीनों का प्रस्थान। अब्दुल्ला ख़ाँ अकेला खड़ा रहता है। अन्धकार।**

दृश्य उनतीस

सलीमगढ़। इब्राहीम बेग बोल–बोल कर एक किताब पढ़ रहा है।

इब्राहीम बेग हज़रत अबूहर इराह कहते हैं कि एक शख़्स ने हुजूरे अनवर अलस्साम की ख़िदमत में हाज़िर होकर अर्ज़ किया कि या रसूल्लुल्लाह, मुझको कोई ऐसा काम बता दीजे, जो मर्तबे में जिहाद के बराबर हो। हुजूरे अनवर ने फ़रमाया कि मुझको तो ऐसा कोई भी काम मालूम नहीं पड़ता है। अच्छा, तो तुम एक काम कर सकते हो या नहीं? वह यह कि जब मुजाहिद जिहाद के वास्ते चलें, तब मस्जिद में दाख़िल होकर नमाज शुरू कर दो...

अन्तिम पंक्ति के बीच अब्दुल्ला खाँ और रतनचन्द का प्रवेश। इब्राहीम बेग चुप हो जाता है। विराम।

अब्दुल्ला ख़ाँ **धीरे–धीरे** कैसी गहरी ख़ामोशी है–दहशत से मिली–जुली...सब कुछ बिल्कुल ठहरा हुआ–बेजान...

राजकुमार पीछे हट जाते हैं। केवल इब्राहीम बेग निर्लिप्त भाव से बैठा रहता है।

निसार नहीं...नहीं...

परवेज़ मुझे बख़्श दीजे...

शौकत मुझे सल्तनते हिन्दोस्तान नहीं चाहिए।

विराम। अब्दुल्ला ख़ाँ घुटनों के बल बैठता है।

शौकत **व्यंग्य से** तमाम बेरहम मौतों के बाइस कुतुबुल्मुल्क, खुद अपनी साँस के लिए इतना ख़ौफ़ कि क़ैदियों के रू–ब–रू दोज़ानू हो गये।

विराम।

अब्दुल्ला ख़ाँ कुतुबुल्मुल्क के दोज़ानू होने की वजह अपनी साँस के टूटने का अन्देशा नहीं, अपने ख़्वाब के टूटने का ख़ौफ़ है...साँस तो रूहानी तौर पर टूट ही चुकी है।... भाई चला गया, जो दायाँ हाथ था। वह बेताबी न रही, जो क़ौमी–मज़हब से परे क़द्रे–इन्सानी तलाश करती थी...जज़्बा, अक़ीदा।...सब शर्मसार, सब शिकस्ता... बस, खुद्दारी की चोट खायी हुई ज़िद है, जो इस मिट्टी का हवाला दिये जाती है।

विराम। इब्राहीम बेग उठता है।

इब्राहीम बेग मैं आपके साथ चलने को तैयार हूँ। दस साल का बच्चा था, जब यहाँ भेजा गया और तीस बरस का बूढ़ा हूँ जब बाहर जा रहा हूँ...उम्र भर के जो तजुर्बात लोग बाहरी दुनिया की गहमागहमी में हासिल करते हैं, वे मुझे अपनी कायनाते तन्हाई में नसीब

हुए हैं। एक–एक दिन और एक–एक रात का गुज़रना–तनो–तन्हा...जब सिर्फ़ मुसलसल, अपनी ही धड़कनों की आवाज़ सुनते हुए हर शै के मानी बदलते गये हैं, ज़ाहिरों बातिन में अब सिर्फ़ बियाबाँ है–तर्के दुनिया की गहरी ख़ामोशी...और ऐसे में आपने अपने ख़्वाब का वास्ता दिया–मुझे, जिसने सारी ज़िन्दगी कोई ख़्वाब नहीं देखा,... रूहानी तौर पर टूटी साँस वाले मेरे मुर्दा बदन, मेरे नाम की दरकार...तो दुरुस्त है...अब तो किसी भी चीज़ से फ़र्क़ नहीं पड़ता–न गर्दन पर तौक़ से, न माथे पर कोहेनूर से...

आलम अली तथा दिलावर ख़ाँ का प्रवेश। दोनों बेहद जख़्मी। आलम की एक टाँग कटी। एक सिपाही का सहारा लिए।

दिलावर ख़ाँ **दुर्बल स्वर में** चिनकुलीच ने चालाकी से काम लिया। आपका हुक़्मनामा पाते ही उसने दिल्ली का रास्ता पकड़कर उज्जैन छोड़ दिया। जासूसों ने बताया कि उसके सिपाही घर लौटने की बात से बेहद ख़ुश हैं। वे दोराहा तक पहुँचे, जहाँ रात हो गयी। पड़ाव डाल कर दिल्ली की तरफ़ कूच जारी रखने के बजाय उसने पलटकर रातोंरात नर्मदा पार की और असीरगढ़ पर क़ब्ज़ा कर लिया। देखते–देखते बरार और

खानदेश के सूबेदार भी उससे मिल गये। जितना मुक़ाबला हम कर सकते हैं, किया...

आलम अली **कराहते हुए** दिलावर ख़ाँ की शिकस्त की ख़बर जब सुनी, तो बालाजी ने सलाह दी थी कि अकेले निज़ामुल्मुल्क़ से निपट नहीं पाओगे। औरंगाबाद के क़िले से लड़ाई शुरू करते हैं।...लेकिन मैं नहीं माना। अपनी और मराठों की टुकड़ियाँ लेकर शकरखेड़ा के मैदान में आ चिनकुलीच को ललकारा...

सिपाही अभय सिंह ने अजीत सिंह को धोखे से ज़हर दे दिया।

विराम।

अब्दुल्ला ख़ाँ **तलवार ऊपर उठाते हुए।**

पादशाहे जहान, अबुलफ़त्हेग़ाज़ी इब्राहीम बेग...

इब्राहीम बेग, अब्दुल्ला ख़ाँ और रतनचन्द निकलने लगते हैं।

रतनचन्द **चहार तस्लीम के साथ** बादशाह सलामत...बादशाह सलामत...बादशाह सलामत...बादशाह सलामत...

अन्धकार।

दृश्य तीस

लाल क़िला। दरबार। मुहम्मद शाह सिंहासन पर।

शायर दो *फ़िज़ाओं में ये कैसी खुशबू रची है*
हसीं दिल्ली तो नाज़नीं–सी सजी है
ये क़िलएमुअल्ला की ऊँची फ़सीलें
ये मुग़लिया अज़्मत की पुख़्ता दलीलें
अहा तख़्तेताउस, अहा कोहेनूर
मुबारक हो दारुल्वतन का सुरूर
बहुत हो चुके हैं सियासत के सामाँ
कि लब चूमने को मचलते हैं पैमाँ
अजी, दिल्ली वालों का धड़के जिया है
कि शाह हमारा रंगीले पिया है

मुहम्मद शाह गर्दन की माला देता है। शायर अभिवादन कर पीछे आता है।

मुहम्मद शाह आज सल्तनते मुग़लिया की तवारीख़ का एक नया बाब शुरू हो रहा है। इसे अंजाम देने में निज़ामुल्मुल्क़ का नाम पेश है। हमें यह ऐलान करते हुए बहुत मसर्रत हो रही है कि वे नये वज़ीर मुक़र्रर किये जाते हैं।

चिनक़ुलीच झुक कर तस्लीम करता है।

दरबारी मरहबा...मरहबा...

मुहम्मद शाह दौरे जद्दोजेहद में मुहम्मद अमीन ख़ाँ ने हर लम्हा अपनी जान हथेली पर रख के दुश्मनों के राज़ हम तक पहुँचाये, लिहाज़ा उन्हें सद्रो कुल का ओहदा बख़्शा जाता है।

अमीन ख़ाँ तस्लीम करता है।

दरबारी आफ़रीं...सद आफ़रीं...

मुहम्मद शाह राजा जयसिंह को मालवा की सूबेदारी के साथ सात हज़ारी मनसब अता किया जाता है।

जयसिंह तस्लीम करता है।

दरबारी मरहबा...मरहबा...

मुहम्मद शाह कुँवर अभय सिंह ने ज़ाती जज़्बात से ज़्यादा तरजीह दरबारे दिल्ली की बहबूदी को दी है, चुनाँचे उन्हें दस हज़ारी मंसब के साथ सूबा–ए–गुजरात पेश किया जाता है।...**मुस्कान सहित** चूँकि हमारी रंगीन दिल्ली उन्हें बेहद अज़ीज है, इसलिए वे दरबारे दिल्ली की रौनक़ दोबाला करेंगे।

अभय सिंह तस्लीम करता है।

दरबारी आफ़रीं...सद आफ़रीं...

मुहम्मद शाह सिपहसालार हैदरबेग से बावस्ता ख़ून का मुक़दमा उठा लिया जाता है, उन्हें तीन हज़ार के मंसब के साथ बालाशाही में मुक़र्रर किया जाता है और हम उन्हें ज़ीनते–हिन्दोस्तान का ख़िताब देते हैं।

हैदरबेग तस्लीम करता है।

अमीन ख़ाँ ज़ीनते–हिन्दोस्तान!

दरबारी ज़िन्दाबाद!

मुहम्मद शाह के संकेत पर बन्दियों का प्रवेश। अब्दुल्ला ख़ाँ हथकड़ी–बेड़ी में है, रतनचन्द, इब्राहीम बेग, चूड़ामन तथा भाँड, नक़्क़ाल और बहुरूपिये के हाथों में हथकड़ी है।

मुहम्मद शाह हाँ, तो इब्राहीम बेग! आप यहाँ कैसे आये?

इब्राहीम बेग उसी रास्ते से आलमपनाह, जिससे आप तशरीफ़ लाये।

मुहम्मद शाह हँसता है।

मुहम्मद शाह बिरादर इब्राहीम बेग बेकुसूर है–हमारे बग़ल में बैठने के मुस्तहक़...

तुरन्त इब्राहीम बेग की हथकड़ियाँ खोली जाती हैं। वह सिंहासन के पास खड़ा हो जाता है या तुरन्त रखे गये छोटे आसन पर बैठ जाता है।

मुहम्मद शाह चूड़ामन जाट! अब आपके साथ क्या सुलूक किया जाये?

चूड़ामन आलमपनाह! बादसाहे जहान! लड़ाई के शुरू में मेरे सूँ अब्दुल्ला के साथ रहने की भूल बेसक हुई सै, पर गवाह सै म्हारो भगवान कि ज्यूँ ही मैंने देख्यो कि **अब्दुल्ला की ओर संकेत सहित, धीमे स्वर में** इसकी फ़ौज हार रई सै, मैंने आपका अजीम साही झण्डा सँभाल के इसी की फ़ौज को लूट्टो...

अमीन ख़ाँ चूड़ामन जाट बजा फरमाते हैं आलीजाह!

मुहम्मद शाह चूड़ामन जाट को बाइज़्ज़त रिहा किया जाता है और उन्हें उनके इख़्तियारात वापस किये जाते हैं।

दरबारी आफ़रीं...सद आफ़रीं...

सिपाही चूड़ामन जाट की हथकड़ी खोलते हैं। वह तस्लीम करता है। मुहम्मद शाह भाँड, नक़्क़ाल और बहुरूपिये के पास आता है।

मुहम्मद शाह ये लोग कौन हैं?

अमीन ख़ाँ ये तीन मसख़रे मुद्दत से सबका मख़ौल उड़ाते रहे हैं। बड़े सैयद का अजीबोग़रीब ख़याल था कि हुकूमत की ग़लतियों का तज़किरा करने वाली जुबानें अपने–अपने मुँह में रहनी चाहिए।

मुहम्मद शाह इन तीनों की जुबानें काट डाली जायें और चाँदनी चौक में उनकी नुमाइश हो।

भाँड **हँसता है।** क्या रंग–बिरंगा इन्साफ़ किया है रंगीले पिया!

नक़्क़ल न बाँस रहे, न बाँसुरी बजे!

बहुरूपिया जुबां निज़ामों का इम्तिहां है...

भाँड, नक्क़ाल और बहुरूपिया **साथ–साथ**

जुबां न हो तो ख़ामोशी हरसू
सुकूने मैयत वतन पै तारी
गिले न शिकवे, न क़स्मे वादे,
न वादाशिकनी का दर्द भारी
जुबां निज़ामों का इम्तिहां है...

मुहम्मद शाह **मुस्कान से** गला तो सुरीला है कम्बख़्तों का...भाँड, नक़्क़ाल और बहुरूपिये को शाही गुलूकारों का ओहदा अता किया जाता है।

दरबारियों के साथ भाँड, नक़्क़ाल और बहुरूपिया भी 'आफ़रीं...सद आफ़री' कहते हैं। मुहम्मद शाह रतनचन्द के सामने है।

मुहम्मद शाह राजा रतनचन्द! आपको अपनी बाबत कुछ कहना है?

अमीन ख़ाँ पीरोमुर्शिद फ़राख़दिल हैं रतनचन्द! माफ़ी माँग कर जानोमाल बचा लो।

मुहम्मद शाह **हल्की मुस्कान से, स्निग्ध स्वर में** आख़िर कैसे भूल सकते हैं हम कि सलीमगढ़ के तख़्ते से क़िलाएमुअल्ला के तख़्तेताउस तक हमें ले आने का सेहरा राजा रतनचन्द के सर पर है।

सबकी दृष्टि रतनचन्द पर है। रतनचन्द अब्दुल्ला की ओर देखता है, जिसकी निगाह कहीं शून्य में है।

रतनचन्द **धीरे–धीरे** सारी ज़िन्दगी बड़े सैयद का साया रहा हूँ...उनका फ़ैसला, मेरा अमल...

क्षणिक विराम।

मुहम्मद शाह रतनचन्द की सारी दौलती–जायदाद ज़ब्त कर ली जाय और सुबह होने से पेश्तर इसे फाँसी दे दी जाय।

सिपाही रतनचन्द को लेकर चलते हैं। ठिठककर एक बार अब्दुल्ला

को देखता है। प्रस्थान। मुहम्मद शाह अब्दुल्ला को देख रहा है।

मुहम्मद शाह **मुस्कान सहित** अब्दुल्ला ख़ाँ!... सलीमगढ़ आपका इन्तज़ार कर रहा है।

चिनकुलीच चौंक कर एक क़दम आगे आता है। अब्दुल्ला ख़ाँ और पीछे–पीछे सिपाहियों का प्रस्थान।

चिनकुलीच ख़ाँ **उत्तेजित स्वर में** गुस्ताख़ी माफ़ पीरोमुर्शिद! मुझे दकन जाने की इजाज़त दे दी जाय।

मुहम्मद शाह **आश्चर्य से** निज़ामुल्मुल्क़!

दरबारियों में कानाफूसी होती है।

चिनकुलीच ख़ाँ विज़ारत की ज़िम्मेदारी मुहम्मद अमीन ख़ाँ को सौंप दीजिए। उनमें हौसला भी है और वलवला भी!

मुहम्मद शाह आपका हौसला हमने मैदाने जंग में देखा है निज़ामुल्मुल्क़! इस लम्हे की यह हक़ीक़त आपके बिना नामुमकिन थी। ज़मीनो–आसमान जैसी यह तब्दीली...

चिनकुलीच ख़ाँ **सहसा फूट पड़ता है** कुछ भी नहीं बदला यहाँ, कुछ भी नहीं...

तेज़ी से निकल जाता है। विराम।

मुहम्मद शाह निज़ामुल्मुल्क़! तुम्हारे तईं कोई तब्दीली नहीं आयी। और हमारे वास्ते गोया सारी कायनात ही बदल गयी... जैसे सदियों से धूल खाते ज़ंग लगे सितार को किसी ने एकबारगी ही छेड़ दिया हो।...**तलवार कमर से निकालकर**

अमीन ख़ाँ को देते हुए अमीन ख़ाँ! इस ख़ूनी शमशीर को अब ताक़यामत दफ़्न किया जाय। हमारी रंगभरी आँखें अब तलवार की लहूलुहान धार नहीं, कत्थक के दिलफ़रेब हाव–भाव देखना चाहती हैं। हमारे कान अब जंग की आहो–फ़ुग़ाँ नहीं, घुँघरू की छमक और सारंगी की तान सुनना चाहते हैं।... शायरो फ़नकार! मुँहबन्द गुंचों की तरह अपने नरमाएशीरीं के दहन खोल दो... फ़िज़ाए दिल्ली में गुँजा दो मछली की मानिन्द थिरकती उन राग–रागनियों को, जिन्हें औरंगज़ेब की बेजा ज़िद ने दफ़्न कर दिया था...आज से अड़तीस साल पहले दिल्ली के कूचों में जिस मूसिक़ी का जनाज़ा निकला था, उसे नयी नवेली दुल्हन की तरह आरास्ता किया जाय...आज से क़िलाएमुअल्ला की हर रात, उस माहेजबीं की सुहागरात होगी...

अन्धकार।

दृश्य इकतीस

सलीमगढ़। धीरे–धीरे प्रकाश होता है।

अब्दुल्ला ख़ाँ सलीमगढ़ के अँधेरे सायों में कितना कुछ दबा है–कितनी सिसकियाँ, नाउम्मीदी और ख़्वाब...लेकिन किसी ख़्वाब की ताबीर यहाँ पहली बार दफ़्न होगी... कितनी अँधेरी, कितनी ख़ामोश है रात ...ऐसी ही एक रात थी, जब चन्द बरस पहले चुपचाप, दिल्ली में दाख़िल हुआ था...जैसे एक तूफ़ान था दिलो–दिमाग़ में, एक वहशत...फिर कामयाबी...और वहशत का एक नया दौर...लगातार गहरी होती हुई वहशत की धुन्ध...अब वहशत नहीं रही। सिर्फ धुन्ध बाक़ी बची है–नासमझी की, सवालों की...कि मेरी सियासत में कौन–सा दाँव ग़लत था...शायद यह मुल्क़ ही ग़लत था...

विराम। बादशाह बेगम का प्रवेश। पीछे मुहम्मद शाह।

बादशाह बेगम सलीमगढ़ में चन्द लम्हे बिताने के बाद ही अपने आपसे गुफ़्तगू की नौबत आन पहुँची।

अब्दुल्ला ख़ाँ यह अपने आपसे गुफ़्तगू नहीं, रोज़े क़यामत नमरूद के तईं जवाबदेही थी।

बादशाह बेगम रोज़े क़यामत...मरने से पेश्तर अब्बा हुज़ूर फ़र्रुख़सियर ने भी सरेदरबार रोज़े क़यामत का ज़िक्र किया था और फिर अपनी जान बचाने की जद्दोजेहद में हम भी किस तरह इसके ख़ौफ़नाक सायों से बचते फिरे हैं। उसी अहसास की गिरफ़्त थी, जिसने बड़ी कोशिश के बावजूद नींद नहीं आने दी...जब ख़ून का एक–एक क़तरा बेताबी का बेपनाह समुन्दर बन गया हो तो...

अब्दुल्ला ख़ाँ अब किस बात की बेताबी है?

बादशाह बेगम यकायक हासिल हुए इस अहसासे ख़ुदी की...इस बदन की वुसअत इस अहसास के लिए काफ़ी नहीं।....यह दूसरा जिस्म भी पूरा नहीं पड़ता...अहसास है कि पारे की मानिन्द थरथराये जा रहा है...मुझे गुमान नहीं था कि ज़ज़्बाए इन्तिकाम ज़ज़्बाए शौक़ की जगह भी ले सकता है, जिस्म की एक–एक नस ख़्वाबे–तमन्ना की मुँहबन्द कली नहीं, दहकती चिनगारी भी बन सकती है...

अब्दुल्ला ख़ाँ यह चिनगारी अब शोले की तरह भड़क कर तख़्तेताउस को भी अपनी ज़द में ले लेगी।

बादशाह बेगम अहसास है मुझे। लेकिन यह नहीं समझ पायी कि तख़्तेताउस तो बिल्कुल अपनी ज़द में था। फिर भी...

अब्दुल्ला ख़ाँ नादान औरत! तुम्हारी तंग नज़र ज़ाती जज़्बात से परे नहीं जा सकती, लेकिन एक अँधेरी रात दिल्ली में दाख़िल होने के बाद मेरा वजूद, मेरा अपना कब था? मैं पिघलकर बनने की कोशिश में था—क़िलएमुअल्ला की बुनियाद, अवाम के हाथ की मुस्कुराती लकीर...**अज़ान और शंख की आवाज़** हिन्दुस्तान की मज़बूत सरहद...कि हुसैनअली की सुनहरे काम वाली जूती की एक ठोकर से...और रतनचन्द की ज़िद से ...पूरा तिलिस्म टूट गया...उस तबाही के साये में कितने चेहरों के नुकूश बदलते गये—अमीन ख़ाँ, चिनकुलीच, बालाजी, जयसिंह, अभय सिंह, चूड़ामन... हैदरबेग...

विराम। अज़ान की आवाज़।

अब्दुल्ला ख़ाँ रात ख़त्म होने को है, जिस तरह मुग़ल सल्तनत...

विराम।

बादशाह बेगम अगर हम कहें कि मुग़ल सल्तनत को महफूज रखने के वास्ते हमें आपकी ज़रूरत है, तो...

विराम।

अब्दुल्ला ख़ाँ बेहद थक गया हूँ। पुरपेच राहे अमल से गुज़रने का तनाव, सालहासाल के ख़ूँरेज़ फ़ैसलों का बोझ, अपने और ग़ैरों के दिये कितने ज़ख़्मों का दर्द...अब सिर्फ़ नींद दरकार है..., कभी न टूटने वाली...

कुछ क्षण रुककर बादशाह बेग़म ताली बजाती है। सिपाही की वेशभूषा में जुम्मन का प्रवेश। हाथों की तश्तरी में एक चषक। बादशाह बेगम चषक उठा लेती है। जुम्मन का प्रस्थान।

बादशाह बेगम कोई आख़िरी ख़्वाहिश?

अब्दुल्ला ख़ाँ अब ख़्वाहिशो–ख़्वाब से परे चला गया हूँ...

बादशाह बेगम चषक बढ़ाती है। अब्दुल्ला ले लेता है। एक घूँट देता है। एक प्रकाश–वृत्त अब्दुल्ला पर केन्द्रित होने लगता है। अँधेरे में बादशाह बेगम एवं मुहम्मदशाह का प्रस्थान। चषक ख़ाली कर अब्दुल्ला लड़खड़ाकर नीचे बैठता है। उसके काँपते हाथ नीचे की मिट्‌टी छूते हैं। अब्दुल्ला भावविह्वल हो अपनी अंजुली में मिट्‌टी लेता है।

अब्दुल्ला ख़ाँ सौंधी मुलायम मिट्‌टी...इसकी नमी मेरे हाथों में जज़्ब हो रही है...

वैसे ही हाथ फैलाये निर्जीव हो जाता है। अज़ान की ऊँची आवाज़ के साथ अन्धकार होने लगता है।

❑❑